Andechser Reihe: Band 5

Willibrord Godel /Anselm Bilgri (Hrsg.) · Mönche und Nonnen

Dialogpartner für solche, die Gott ahnen und ihn suchen

Andechser Reihe

Band 5

Willibrord Godel / Anselm Bilgri (Hrsg.)

Mönche und Nonnen

Dialogpartner für solche, die Gott ahnen und ihn suchen

EOS-VERLAG, ERZABTEI ST. OTTILIEN

2001

Die Deutsche Bibliothek – CIP-Einheitsaufnahme

Mönche und Nonnen : Dialogpartner für solche, die Gott ahnen und ihn suchen /
Willibrord Godel/Anselm Bilgri (Hrsg.). – St. Ottilien : EOS-Verl., 2001

(Andechser Reihe ; Bd. 5)
ISBN 3-8306-7098-2

Andechser Reihe, Band 5

Herausgeber: Willibrord Godel OSB / Anselm Bilgri OSB

Gesamtherstellung: EOS Druckerei, 86941 St. Ottilien

Einführung

Als Benedikt von Nursia im 58. Kapitel seiner Regel festlegte, der in eine klösterliche Gemeinschaft Neueintretende sei daraufhin zu prüfen, ob er wahrhaft Gott sucht, konnte er kaum ahnen, wie treffend mit dieser Formulierung die religiöse Großwetterlage am Beginn des 21. Jahrhunderts im von seinen Söhnen und Töchtern mitgestalteten und entwickelten sog. christlichen Abendland umschrieben werden kann.
Gott suchen, so nannte Abt Basil Hume, der spätere Kardinalerzbischof von Westminster die Edition von Kurzansprachen vor seinem nordenglischen Benediktinerkonvent.

Gegenüber der Glaubensgewißheit vergangener Jahrhunderte, besonders innerhalb der konfessionellen Milieus, hat sich die Empfindung eines im Nebel von Verunsicherungen vorsichtigen Tastens nach der Begegnung mit dem mehr und mehr sich verbergenden Gott als die religiöse Erfahrung des letzten Jahrhunderts erwiesen.
Hinzu kommt die bisher nie gekannte Erfahrung postchristlicher Säkularisierung, wie sie sich in unserer bundesrepublikanischen Zeitgeschichte besonders in den neuen Bundesländern manifestiert.
Erst allmählich wird sich die Kirche in der zweiten Dekade nach der Vereinigung der beiden deutschen Nachkriegsstaaten ihrer Situation bewußt.
Wie stellt sich die Kirche diesem Problem?
Empfinden sich die Menschen in den Ländern des ehemaligen Ostblocks, die schon in der dritten Generation „ohne Gott" leben, als defizitär gegenüber christlich sozialisierten Angehörigen der „Leute – Religion" des Westens?
Wie beeinflußt der uns umgebende Säkularismus unser Leben im Kloster und unser Selbstverständnis als „Insel der Gottsuche" in einem „Meer der Gottferne"? Wie wirken wir auf eine weitgehend verständnislose Umwelt und wie wirken wir hinein in eine Gesellschaft, die durch eine vollkommen andere Sprach- und Bilderwelt, als es unser Singen, Sprechen und Sinnen von Gott ist, geprägt wird?
Kirche in der Nachfolge Jesu ist von Anfang an als eine Gemeinschaft entstanden, deren Ziel es ist, allen Menschen Teilhabe an ihrer Weise der Gottsuche zu ermöglichen. Dies gilt für die äußere und innere

Mission durch großkirchliche Strukturen genauso, wie für die kleinen Gemeinschaften von Mönchen und Nonnen.
Akkomodation und Inkulturation als Methoden der Evangelisierung, die gerade in den Hoch-Zeiten christlicher Missionstätigkeit von den klösterlichen Gemeinschaften praktiziert wurden, stellen sich als Modelle unseres Umgangs mit einer pluralistischen und nachreligiösen Kultur heraus.
Mit diesem Themenkreis hat sich die Theologische Sektion der Bayrischen Benediktiner Akademie in ihrer Frühjahrstagung im Mai 2000 im Kloster Andechs auseinandergesetzt.
P. Gabriel Heuser, der Prior der Ettaler Neugründung Wechselburg in Sachsen, und Prof. Karl Schlemmer, der Liturgiker und Pastoraltheologe der Universität Passau gehen beide der Frage nach, wie Menschen in unserer Gesellschaft und in der konkreten Situation der neuen Bundesländer Gott suchen können.
Paul Konrad Kurz gibt einen Einblick in seine Werkstatt, in der er in heutiger Sprache die Gottsuche des modernen Menschen auszudrükken versucht. Die Benediktinerin Silja Walter schließlich stellt Texte für einen Wortgottesdienst vor, der im Laufe der Tagung auch gefeiert wurde; gottsuchende Menschen stellen sich auf ihrem Glaubensweg vor Gott. Abt Emmanuel Jungclaussen führt angesichts heutiger Fragestellungen in die benediktinische Tradition des „habitare secum" ein und Sr. Corona Bamberg hält uns Mönchen und Nonnen den Spiegel vor mit der Frage, ob wir selbst denn überhaupt wirklich Suchende seien.
Besonders danken wir Bischof Joachim Wanke und Pfarrer Dietrich Koller (beide Erfurt). Ihre Vorträge, die sie auf der Ostertagung der Salzburger Äbtekonferenz hielten, haben sie aufgrund der thematischen Nähe zum Treffen der theologischen Sektion der BBA zur Veröffentlichung im vorliegenden Band der Andechser Reihe zur Verfügung gestellt.

Andechs, Pfingsten 2001
P. Anselm Bilgri

Inhalt

Triumphkreuz in Wechselburg

Neu nach Gott fragen

Zur Situation des Gottesglaubens in den neuen Bundesländern[1]

Joachim Wanke

Der Osten unseres nun gottlob wiedervereinigten Vaterlandes gilt ja in besonderer Weise als kirchenfern und atheistisch. Alle einschlägigen religionssoziologischen Befragungen weisen darauf hin: Die Bevölkerung der neuen Bundesländer ist wie kaum ein anderes Volk in Europa religiös „unmusikalisch“ (Max Weber). Man könnte höchstens noch die Tschechische Republik, näherhin das Land Böhmen in dieser Hinsicht mit der früheren DDR vergleichen.

Nun muss ich gleich zu Beginn ein mögliches Missverständnis ausschließen. Ich bin **nicht** der Meinung, dass der Osten Deutschlands wegen seiner atheistischen Prägung in besonders exemplarischer Weise ein Ort der „Inhumanität“ gewesen ist oder noch ist. Das jetzt glücklich überwundene alte Gesellschaftssystem war zwar ein System der Unfreiheit, in vielfacher Weise, etwa im Blick auf seine Unrechtsjustiz oder seine Spitzelei gegen die eigenen Bürger, auch ein „unmenschliches“ System. Aber die DDR war in mancher Hinsicht auch liberaler und offener als etwa Russland oder Rumänien, Länder, in denen die Partei die christliche Religion zwar auch offen bekämpfte, in denen aber der religiöse Grundwasserspiegel nie so rapide gesunken ist wie gerade in den Gegenden zwischen Werra und Neiße. Russland ist in 70 Jahren kommunistischer Diktatur nicht so religionslos geworden wie Thüringen, Sachsen, Brandenburg und Mecklenburg nach vergleichsweise milderen 40 Jahren SED-Herrschaft.

---

[1] Vortrag am 18. April 2001 bei der Tagung der Salzburger Äbtekonferenz in Erfurt, St. Ursula

Es geht mir heute nicht darum, diese tiefgreifende Entchristlichung im Osten Deutschlands zu erklären. Die Religionssoziologen sind sich, soweit ich sehe, in der Erkärung dieses Phänomens nicht einig. Vermutlich kommen viele Gründe zusammen, Gründe, die schon in der Geschichte dieses östlichen Raumes verankert sind, etwa in der Art und Weise der Missionierung und Christianisierung der Gebiete jenseits von Elbe und Saale. Eine Rolle mag spielen die Abwendung der Arbeiterschaft im 19. Jahrhundert von Kirche und Religion oder der Missbrauch bzw. die Bekämpfung des Christentums durch die Nazi-Ideologie. Ohne Zweifel hat aber auch die SED einen gewichtigen Anteil an dem jetzigen Zustand. Sie hat sehr konsequent den Gottesglauben und die Kirchen aus dem Bereich der Erziehung, aus dem Bildungsbereich überhaupt wie aus der gesellschaftlichen Öffentlichkeit verdrängt. Sie hat eine „Großwetterlage“ geschaffen, in der Gottesglaube und kirchliche Bindung mit politischer, wissenschaftlicher und gesellschaftlicher Rückständigkeit gleichgesetzt wurden. Wenn wir bedenken, dass die Mehrzahl der Menschen auf Dauer doch nicht in der Lage ist, einem gesellschaftlichen „Klima“ aus eigener Kraft allein zu widerstehen, mag sich ein wenig diese spezielle religiös-kirchliche Situation in den neuen Bundesländern erklären. Ob die SED in Bayern oder im Rheinland in dieser Hinsicht so Erfolg gehabt hätte wie im vormaligen Mitteldeutschland, bezweifle ich allerdings!

Wozu ich heute einige Überlegungen beisteuern kann, sind zwei Fragen:

1. Welche gesellschaftlichen Folgen hat der geschwundene Gottesglaube in der Breite der ostdeutschen Gesellschaft?
Und 2. Wird denn der Gottesglaube in einem so radikal säkularistischen Klima Zukunft haben? Wie müsste das Wirken der Kirche, aber auch die Gestalt des ganz persönlichen Christseins aussehen, um in dieser so geprägten geistigen Luft zu überleben?

Ich sammle zunächst einmal zur ersten Frage einige Beobachtungen, die ich in meinem Wirken als Bischof, aber auch als aufmerksamer Zeitgenosse im Osten gemacht habe. Sodann versuche ich in einem zweiten Teil meiner Ausführungen einige Überlegungen anzuschließen, ob und wie wir für den Gottesglauben auch in den neuen Bundesländern Zukunft erhoffen können.

I. Gesellschaft ohne Gottesglaube - einige Beobachtungen

Ich mache nochmals darauf aufmerksam, dass die Menschen in Thüringen, Sachsen, Brandenburg und Mecklenburg wegen ihrer Kirchen- und Religionsdistanziertheit, die sie zudem meist schon in dritter oder vierter Generation biographisch ererbt haben, keine schlechteren Menschen sind als Bayern und Schwaben, Rheinländer oder Westfalen. Wir waren im Osten eben nur anderen geistigen, politischen und wirtschaftlichen Entwicklungen ausgesetzt, die uns bis heute prägen. Wenn Sie so wollen: Wir hatten in bestimmter Hinsicht mehr Gelegenheit zu sündigen - in anderer Hinsicht weniger! Ein Katholik konnte in Karl-Marx-Stadt versagen und ebenso auch in Altötting. Er konnte sich an der sozialistischen Schule und im sozialistischen Arbeitskollektiv als Christ bewähren ebenso wie in einer katholischen Verbandsgruppe der alten Bundesrepublik. Menschlichkeit, Aufrichtigkeit, Tapferkeit und Nächstenliebe waren und sind überall auf Erden wohl gleichmäßig verteilt. Aber - wie Bertold Brecht sagt - die „Verhältnisse, die sind nicht so", dass christliche Einstellungen und Tugenden überall guten Nährboden finden können.

Was prägt uns im Osten nach mehreren Jahrzehnten atheistischer Indoktrination und zurückgehender christlicher Substanz in der Gesellschaft?

1. Radikaler Abbruch christlicher Traditionen

Zur Verlebendigung meiner Überlegungen nur ein Beispiel: Jüngst erzählte mir ein Katholik ganz deprimiert von einer Beerdigung. Eine Arbeitskollegin war gestorben. Sie war am Schluss wegen langer Krankheit und Pflegebedüftigkeit sehr vereinsamt gewesen. Es waren nur eine Handvoll Leute zur Beerdigung erschienen. Der vom Ehepartner bestellte weltliche Begräbnis-Redner sprach von Werden und Vergehen, von Goethe und von ewigem Ausruhen. Kein Lied, kein

Gebet - ein Druck auf den Knopf - und der Sarg verschwand in Richtung Krematorium.

Ganz anders, als wir vor einiger Zeit in Erfurt den langjährigen Domorganisten beerdigten. Ich gebe zu: Der Tod war durch Krankheit angekündigt. Der Verstorbene hatte ein erfülltes Leben gehabt - aber es lag nicht nur daran: Beim Requiem im Dom und der Beerdigung auf dem Hauptfriedhof hatte man keine Chance in hoffnungslose Trauer oder Depression zu verfallen. Irgendwie lag österlicher Glanz, lag trotz des Anlasses eine „Festlichkeit“ über diesem Geschehen. Eine mitbetende und mitsingende Gemeinde, die Angehörigen des Verstorbenen lesen aus der Heiligen Schrift vor und sprechen Fürbitten, der Pfarrer hält sich an den vertrauten Ritus, der alle gleichsam in den Raum christlicher Hoffnung hineinnimmt - ohne Hohlheit und falsches Pathos.

Hier wurde mir schlagartig deutlich, was uns die letzten Jahrzehnte im Osten gebracht haben: in der Breite der Bevölkerung einen radikalen Abbruch christlicher Kultur und Tradition. Aus dem Westen beruflich zu uns in den Osten kommende Christen, ob katholisch oder evangelisch, sagen mir häufig, wie sehr sie diesen radikalen Traditionsabbruch empfinden. Ein Ministerialbeamter aus dem Rheinland erzählte mir: Als er in seinem Büro ein Kreuz aufhängen wollte und zu diesem Behufe auf dem Stuhl vor der Wand stand, reichte ihm seine neue ostdeutsche Sekretärin das Kreuz mit beiden Händen dar, auf ein weißes Tüchlein gebettet wie einen numinosen Gegenstand, sichtlich unsicher, wie man damit umzugehen hat. Solch eine Szene ist erhellender als manche soziologische Erhebung.

Ein anderes Beispiel: Seit einigen Jahren steht auf dem Erfurter Weihnachtsmarkt eine Krippe mit den dazugehörigen Figuren. Bekannte berichten mir, dass immer wieder junge Mütter ihren Kinder nicht antworten können, wenn diese über die Figuren Auskunft haben wollen. Interpretationsversuche in Richtung Frau Holle oder Aschenputtel hat es auch schon gegeben!

Man mag darüber schmunzeln, aber diese und viele andere Beobachtungen zeigen: Hier ist mehr weggebrochen als nur christliches Grundwissen. Hier ist eine Entfremdung von den eigenen kulturellen

Wurzeln eingetreten, die sich auch in der Hilflosigkeit offenbart, mit den christlichen Festen umzugehen oder eine eigene Feierkultur zu entwickeln, vgl. nur das Phänomen „Jugendweihe“.

Ein Pfarrer aus dem Bayrischen erzählte mir einmal, welches Neuheitserlebnis für ihn eine ungetaufte Ostdeutsche war, die mit ihrem bayrischen Verlobten zum Brautgespräch erschien und sich dort durchaus interessiert, aber mit merkwürdigem Vokabular nach dem erkundigte, was eigentlich ein Katholik alles zu glauben hätte. Der Pfarrer gestand mir, er sei ordentlich „ins Schwitzen“ gekommen. Er musste sich in seiner Denk- und Sprechweise gewaltig umstellen, um der gutwillig Fragenden einigermaßen verständlich antworten zu können.
Eben das meine ich: Im Osten ist nicht einmal mehr an „Christentümlichkeit“ anzuknüpfen. Dort muss tiefer angesetzt werden - aber eben darin liegt auch eine Chance. - Eine zweite Beobachtung:

2. Gesellschaftlicher „Nörgelton“

Ich meine, im Osten mehr als im Westen das anzutreffen, was ich hier einmal etwas salopp „Nörgel-Mentalität“ nenne. In persönlichen Gesprächen, aber auch in öffentlicher Diskussion kommt häufiger als im Westen eine gewisse „Frust-Einstellung“ zum Tragen, manchmal ehrlicherweise mit dem Zugeständnis: „Ja, mir persönlich geht es ja einigermaßen, aber die Verhältnisse überhaupt - die sind fürchterlich!“

Das hat natürlich etwas mit der Nachwendesituation zu tun. Die Umstellungsprobleme sind bis heute für viele schwierig, und es gibt Teile der Bevölkerung, die sich einfach nicht in den neuen gesellschaftlichen Verhältnissen zurechtfinden und deswegen - trotz aller staatlichen Vor- und Fürsorge - an den Rand geraten.

Aber auch das erklärt meines Erachtens nicht ganz diese Grundunzufriedenheit breiter Bevölkerungskreise. Ich gebe einfach einmal zu bedenken, ob nicht eine lange „Gott-Entwöhnung“ auch eine gewisse „Realitäts-Entwöhnung“ mit sich bringt. Auch da mag das alte ideologische System mit seinem platten Materialismus manche Schuld tragen. Aber ich bemerke im Osten eine verkrampfte, angestrengte Sinnsuche in reiner Diesseitigkeit. Früher machte uns Christen die alte Ideologie den Vorwurf: „Euer Glaube vertröstet auf den Himmel!“ Jetzt beobachte ich: Die Erlebnis- und Konsumgesellschaft (die übrigens bei uns auch schon vor der Wende einsetzte!) vertröstet die Menschen auf das totale Glück im Diesseits - mit all den fatalen Folgen, die eine solche Einstellung zeitigt. Der Frust ist da ja vorprogrammiert.

Wenn Gott ausfällt, breitet sich die Angst aus, nicht alles vom Leben mitzubekommen. Angestrengter Lustgewinn ist angesagt! Arbeit, Liebe, Amüsement - alles kommt irgendwie in ein schiefes Licht, wirkt verkrampft und lässt keinen Abstand zu. Und selbst weltliche Askese-Prediger, die neuerdings den einfachen Lebensstil propagieren, machen aus ihren Weisheiten noch ein Geschäft.

Aber das ist ja auch eine Erfahrung der Seelsorge im Westen. Dort war schon seit längerem, auch mit Hilfe der Drogen und esoterischer Techniken eine Ausweitung innerweltlicher Glückssuche erfolgt. Die im Westen zum Teil schon anzutreffende „neue Nachdenklichkeit“, die Aufklärung über die Aufklärung, das Wissen um das Ende der „satten Jahre“ steht uns im Osten noch bevor.

Jetzt ist erst einmal bei uns Nachholbedarf an „Lebenshunger“ angesagt. Irgendwie kann ich das auch verstehen. Aber ich sehe - z. B. in dem diagnostizierten „Nörgelton“ als gesellschaftlichem *cantus firmus* - wohin solche Diesseitsorientierung führt.

Doch ist gottlob auch anderes zu beobachten: Lebenstapferkeit und Mut zu realistischer Selbstbeschränkung, auch Dankbarkeit für das, was die Wende uns im Osten an neuer Lebensqualität ermöglicht hat. Und es gibt auch das - besonders unter jungen Leuten: ein neues Fragen nach dem, wovon man wirklich satt werden kann. Der Mensch ist von seinem Schöpfer solider erschaffen als wir ängstlichen Kirchenleute manchmal denken. Weist man Gott vom Haupteingang ab, kommt er durch die Hintertür unseres Lebenshauses! An den Spruch: „Ich glaub an nix - mir fehlt nichts“ - an diesen Spruch glaube ich nicht!

3. Verdachtsmentalität

Auch diese Beobachtung gilt irgendwie grenzübergreifend. Sie hat etwas mit der immer stärker werdenden Subjekt-Sicht aller Wirklichkeit zu tun, die unfähiger wird, die Dinge und Verhältnisse zu objektivieren bzw. realistisch wahrzunehmen. Die Konstruktion der Welt vom eigenen Ich her - dieses allgemeine Kennzeichen der Moderne wird heute an Biertischen und in Alltagsgesprächen auf die Spitze getrieben.

Beileibe nicht allein von daher, aber doch auch vom mangelnden Vertrauen in eine übergreifende, auch das Böse, das Tragische, das Chaotische ordnende göttliche Macht erkläre ich mir das immer mehr schwindende zwischenmenschliche Vertrauen, das eine unersetzliche Ingredienz jeder Gesellschaft ist. Nochmals: Das ist nicht der einzige Grund! Die kommunistischen Systeme, die übrigens keine Zivilgesellschaft duldeten, die alle freien Vergemeinschaftungsformen von Bürgern misstrauisch überwachten, wenn nicht gar zu verhindern suchten - diese Systeme lebten vom Klima des Verdachts. Und die Folgen einer solchen geistigen Schädigung sehen wir besonders im Osten vor uns.
Die Grundeinstellung des Verdachts richtet sich gegen den Westen, gegen die derzeitige politische Klasse, gegen die Gewerkschaften und die Arbeitgeberverbände zugleich, gegen den Staat, gegen die Kirchen, kurz: gegen „die da oben". Ein Teil dieses Frustes mag, wie gesagt, auf das Wissen zurückgehen, wie sehr man vom alten System betrogen worden ist. Aber das erklärt nicht alles.

Im Letzten erhebt sich hier ein Grundverdacht gegen das Leben selbst. Dieser Verdacht sagt: Das Leben ist, wenn es so ist, wie es ist, nicht lebenswert. Es lohnt sich letztlich nicht. Speziell ins Religiöse gewendet, gilt: Die Christen stehen im Osten wieder unter einem Grundverdacht: damals vor der Wende unter dem sogenannten „Projektionsverdacht" (frei nach Feuerbach und Marx: Der religiöse Glaube verdirbt das Denken). Jetzt nach der Wende erhebt sich der sogenannte „Entfremdungsverdacht": Glaube und Kirche entfremden vom Leben, verderben das Diesseitsglück, vermiesen das Leben und machen alles grau und fad! Es ist unendlich schwer, in der Seelsorge diesem Grundverdacht „Ich komme zu kurz" zu begegnen. Aber genau hier liegt der Knackpunkt für die evangeliumsgemäße Profilierung unserer Verkündigung. Denn diese darf sagen: „Du kommst nicht zu kurz. Im Gegenteil: Dir ist alles geschenkt, denn nichts im Himmel und auf der Erde vermag dich von Gottes Liebe zu trennen" (vgl. Röm 8,31 ff).

Hier deutet sich schon an, welcher Grundtenor das kirchliche Wirken heute in einer Gesellschaft zu bestimmen hätte, die sich in Verdächtigungen und Misstrauen verliert: nicht Bedrohung oder Einschüchterung, sondern Annahme und Ermutigung zu Vertrauen. Nur so lässt sich Misstrauen auflösen und Lebensangst, die meint zu kurz zu kommen, überwinden.

Ich möchte noch eine letzte Beobachtung skizzieren, die freilich in der eben genannten Mentalität der allgemeinen Verdächtigung schon ansatzweise mitenthalten ist:

4. Wachsende Bindungsunfähigkeit

Auch hier ist sofort zu sagen, dass vieles, was in dieser Hinsicht in der Gegenwart anzutreffen ist, zu Lasten der großen Modernisierungsschübe geht, die uns in West und Ost gleichermaßen erfasst haben. Im Osten ist dieser Modernisierungsprozess zum Teil noch radikaler und wird entsprechend schmerzlicher empfunden, weil vieles (etwa in der Wirtschaft) nicht evolutiv vorangeht, sondern der Fortschritt durch radikale Brüche und Schnitte erkauft werden muss. Noch kürzer gesagt: Auch katholische Ehen zerbrechen angesichts der vom Arbeitsmarkt erzwungenen Mobilität von Arbeitnehmern. Wer betet, lebt zwar anders, versucht es zumindest. Aber Beten ist kein Allheilmittel gegen eine kranke Gesellschaft. Da muss eine solide Politik eingreifen - nicht zuletzt inspiriert durch ein christliches Menschenbild und einen frustrationsresistenten Realitätssinn, wie ihn Christen eigentlich haben sollten.

Dennoch meine ich, dass wir im Osten irgendwie auch die fatalen Auswirkungen eines Systems spüren, dass „ohne Gott und Sonnenschein" die Ernten einbringen wollte. Die zwischenmenschliche und die internationale proletarische Solidarität z. B. wurden zwar sehr bemüht - aber das alles blieb meist hohles Pathos. Das merken wir jetzt, wenn es wirklich um die Aussöhnung mit Polen geht. Ich weiß authentisch, dass in einer Hausgemeinschaft ernsthaft als eine sozialistische Selbstverpflichtung eingebracht wurde, sich ab sofort gegenseitig zu grüßen! Manche der Versuche der alten SED-Führung, etwa Walter Ulbrichts „Zehn Gebote der sozialistischen Moral", die Bevölkerung auf eine religionsfreie sozialistische Ehtik einzuschwören, wirkten nahezu rührend. Aber es war wohl eher zum Weinen. Da ist die jetzige Gesellschaft ehrlicher: Der Marktwert muss alles regeln, auch die Beziehungen der Menschen. Humanismus, Christentum und neuerdings auch Elemente fernöstlicher Religiosität sind durchaus gesellschaftlich akzeptiert, werden aber offensichtlich mit einer gewissen Ironie betrachtet - frei nach dem Motto: „Hilft es auch nicht, so schadet es doch wenigstens nichts."

Vermutlich spüren wir im Osten stärker als unsere westdeutschen Landsleute, dass das gesellschaftliche Klima kälter wird. Es ist nicht nur die etwas miefige Wärme einer geschlossenen Gesellschaft, die manche hie und da im Osten als nostalgische Erinnerung pflegen wollen. Ja, das gibt es auch: den „Freisetzungsschock", den ein aus dem Gefängnis Entlassener verspürt, der in der Freiheit nicht mehr mit dem Leben zurechtkommt und möglichst wieder in seine Zelle zurück will. Nein: Wir spüren wohl, belehrt durch eigene Erfahrungen deutlicher als andere, dass eine Gesellschaft ohne einen Gotteshorizont wohl auf Dauer auch keinen humanen Horizont, keine Visionen von Mitmenschlichkeit, von Vertrauen, von Zusammenhalt und Solidarität entwickeln kann.

Wobei ich gleich dem Verdacht wehren will, das Christentum könne Moral „produzieren". Das Christentum **hat** zwar Moral, wie Eugen Biser einmal pointiert gesagt hat, aber es **ist** nicht Moral. Und ein „Aufpasser-Gott" in einer schief gelaufenen religiösen Biographie kann Heuchelei produzieren und echte Menschlichkeit eher ersticken als fördern.

Wirklich beziehungsfähig kann ein Mensch wohl nur werden, wenn er sich getragen und gehalten weiß. Wer mit dem Rücken an der Wand steht, fängt an zu beißen und zu treten. Darum mache ich mir wirklich Sorge darüber, dass in Erfurt die meisten Kinder und jungen Leute nicht das Gleichnis Jesu vom verlorenen Sohn, oder besser: vom gütigen Vater kennen. Gewalt und Frust junger Leute, nicht nur aus den sozial schwachen Schichten, hat etwas mit Sinnleere und fehlenden Erfahrungen von „Angenommen-Sein“, von „Gewollt-Sein“ zu tun.

Dass all dem, was ich hier skizziere, auch immer wieder andere Tendenzen entgegenstehen, sei nur angedeutet. Wo Traditionsabbrüche erfahren werden, erwacht die Sehnsucht nach Kontinuität und Beheimatung. Wo Diesseitsglück brüchig und schal wird, gibt es ein neues Fragen nach dem, was wirklich sättigt. Wo eine MfS- und ideologiegeschädigte Gesellschaft in Misstrauen und gegenseitigen Verdachts- und Neidgefühlen versinkt, gibt es neue Sehnsucht nach Wahrhaftigkeit, nach gelingenden Beziehungen, nach einem DU, dem man vertrauen kann, nach reueloser Hingabe und Anbetung. Schatten gibt es nur dort, wo es auch Licht gibt; Hunger und Durst sind besonders quälend, wenn man die Möglichkeit einer Sättigung erahnt. Die Entlarvung der alten Ideologie als menschenfeindlicher Utopie bringt zumindest die Chance mit sich, sich neuen Visionen zu öffnen. Das geschieht freilich nicht im Selbstlauf. Die Freiheit als solche ist noch nicht hinreichend für die Besserung von Verhältnissen. Die Freiheit braucht Inhalte, braucht das Licht der Wahrheit, um Finsternisse wirklich aufheben zu können.

Ist unsere Kirche dafür gerüstet, diesen Dienst der „Ausleuchtung“ des menschlichen Existenzraumes zu leisten, in dieser gesellschaftlichen Stunde das Evangelium den Menschen „anzubieten“? - Das führt schon zum zweiten Teil meiner Überlegungen:

II. Gottesglaube und Wege der kirchlichen Arbeit in einer religionsdistanzierten Gesellschaft

Zunächst eine mir wichtige Vorbemerkung:
Die Grundhaltung für unsere Ortskirchen im Osten muss sein und bleiben: die willige Annahme dieser konkreten Nachwende-Situation, und zwar mit all ihren Licht- und Schattenseiten. Ich sehe eine meiner Hauptaufgaben als Bischof darin, diese - nicht blauäugige, sondern durchaus kritische - Bejahung des „Hier und Jetzt“ bei meinen Priestern und Diakonen, aber auch bei allen Gemeindemitgliedern zu stärken. Hier gilt das alte geistliche Grundaxiom: Was nicht angenommen

wird, kann auch nicht verwandelt werden. Die „Zu-stimmung“ zu dem was Gott hier und jetzt zu tragen und zu ertragen auferlegt - das ist die größte Tat, die ein Mensch zu leisten hat. Diese Zustimmung zu einem Leben als Christ und als christliche Gemeinden inmitten einer religionsdistanzierten Gesellschaft müssen auch - so meine ich - unsere Ortskirchen zwischen Werra und Oder heute leisten.

Dabei schließe ich gleich den mir sehr am Herzen liegenden Gedanken an: Diese Kraft der Bejahung im Blick auf unsere Zugehörigkeit zu der nun gottlob „wiedervereinten Kirche“ ist auch von unseren katholischen Geschwisterbistümern im Westen und Süden Deutschlands aufzubringen. Für uns im Osten ist es wichtig zu wissen: Wir werden mitgetragen von der Grundsolidarität aller Katholiken in der Bundesrepublik. Was sich bei finanziellen Hilfen bis heute bewährt (wofür ich immer nur von Herzen danken kann), was sich auch in bemerkenswerten Zeichen von Solidarität von Christ zu Mitchrist, von Gemeinde zu Gemeinde, von Verband zu Verband eindrucksvoll zeigt (die katholische Kirche ist vermutlich eine der stärksten innerdeutschen Klammern - vor und nach der Wende!), das muss auch im Empfinden, Denken und Handeln der verfassten, der „amtlichen“ Kirche und ihrer Gremien, aber auch von der Breite der Gemeindemitglieder verinnerlicht werden: Der Osten gehört dazu! Er ist Teil unserer gesamtdeutschen katholischen Realität. Das angsterfüllte Reden von dem protestantischer oder gar anti-christlicher werdenden Gesamtdeutschland hilft uns im Osten nicht weiter! Nein: Dieses Land, auf das Gott für uns im Osten das Los hat fallen lassen, das ist ein Land, das auch katholische Bayern, Rheinländer und Emsländer etwas angeht. Zwar sind wir selbst vor Ort (oftmals gottlob schon verstärkt durch personelle Hilfen aus dem Westen) die zunächst Herausgeforderten. Aber wir erbitten uns auch weiterhin - wie schon seit vielen Generationen üblich - die geistige und geistliche Solidarität der katholischen Regionen, gerade jetzt noch mehr als damals vor dem Mauerfall.

Das erbitte ich vor allem auch aus diesem Grund: In gewisser (nicht in jeder!) Hinsicht müssen wir in den neuen Bundesländern seelsorglich eine Bewährung bestehen, die vermutlich dem Katholizismus des Westens noch bevorsteht. In Hamburg, Stuttgart, aber auch Köln und München stehen die Seelsorger schon mitten in dieser Erprobung -

eben in dieser Herausforderung, die mein Vortrag in den Blick zu nehmen sucht: Der Gottesglaube im Sinne des Evangeliums muss aus einem Erbe zu einem neuen Angebot werden! Darum sind Überlegungen, wie wir in der säkularisierten Luft des Ostens das Evangelium zu präsentieren haben, von unmittelbarer Bedeutung auch für den Westen. Wir sitzen jetzt alle in dem gleichen Boot - aber auf unserer Seite schlagen die Wellen besonders bedrohlich in das Schiff. Wie in dieser stürmischen See jetzt richtig und erfolgreich zu manövrieren ist, geht alle an, auch jene, die scheinbar noch etwas „windgeschützter" rudern! - In welche Richtung also gilt es zu steuern? Ich formuliere drei Gedanken, von denen ich mir wünschte, dass sie im Kern unserer Kirche in Gesamtdeutschland konsensfähig sein könnten:

1. Gott größer denken

Es gilt heute mehr denn je zu beherzigen, was das 2. Vatikanische Konzil in der Pastoralkonstitution „Die Kirche in der Welt von heute (Gaudium et spes) über den Atheismus ausgeführt hat: „Gewiss sind die, die in Ungehorsam gegen den Spruch ihres Gewissens absichtlich Gott von ihrem Herzen fernzuhalten und religiöse Fragen zu vermeiden suchen, nicht ohne Schuld; aber auch die Gläubigen selbst tragen daran eine gewisse Verantwortung. Denn der Atheismus, allseitig betrachtet, ist nicht eine ursprüngliche und eigenständige Erscheinung; er entsteht vielmehr aus verschiedenen Ursachen, zu denen auch die kritische Reaktion gegen die Religionen, und zwar in einigen Ländern vor allem gegen die christliche Religion, zählt. Deshalb können an dieser Entstehung des Atheismus die Gläubigen einen erheblichen Anteil haben, insofern man sagen muss, dass sie durch Vernachlässigung der Glaubenserziehung, durch missverständliche Darstellung der Lehre oder auch durch die Mängel ihres religiösen, sittlichen und gesellschaftlichen Lebens das wahre Antlitz Gottes und der Religion eher verhüllen als offenbaren" (GS 19).

Hier wird die Mahnung ausgesprochen, den sogenannten Atheismus und wohl auch Agnostizismus der Moderne zunächst einmal als Chance zur Vertiefung des eigenen Gottesglaubens und der eigenen christlichen Lebenspraxis zu begreifen. Selbstkritisch an die eigene Adresse gerichtet: Das kirchlich-religiöse Hantieren mit Gott wirkt oft zu kurzschlüssig, zu harmlos und ist meist zu fern der von den Menschen subjektiv erfahrenen Wirklichkeit ihres Lebens angesiedelt. Ich sage es einmal etwas ungeschützt: Der christliche Glaube ist zu sehr „Lehre" geworden. Er bringt nicht mehr die Kraft auf, die eigenen Bedürfnisse, Fragen und Erfahrungen zu deuten. Natürlich braucht jede Religiosität ein Mindestmaß an objektiver Lehrstruktur. Es ist freilich bedenklich, wenn das subjektive Erleben, Fragen, ja auch Zweifeln kein Zugangsweg zur Wahrheit des Christentums mehr sein kann. Der Gottesbegriff und das christliche Credo sind zu lange Zeit in unseren Katechismen einer allzu enggeführten Schulbegrifflichkeit ausgeliefert gewesen. Das Paradoxe, das Irrationale und das Bedrohliche des Lebens sind nicht mehr in das religiöse Lebenshaus eingelassen worden. Eben deshalb sind die Sprechzimmer der Psychotherapeuten die Beichtstühle des heutigen Menschen geworden. Dabei ist das gerade eine Stärke des katholischen Christentums, mit der ganzen Wirklichkeit menschlicher Biographien umgehen zu können, auch mit den dunklen und unaufgeräumten Hinterstuben.

In diesem Sinne spicht eine Reihe von nachdenklichen Theologen von der Gotteskrise als der eigentlichen Herausforderung des Christentums in heutiger Zeit. „Gotteskrise" in dem Sinn, dass Gott zu klein, zu harmlos gedacht wird. Vor dem Forum heutigen kritischen Denkens ist der Anspruch auf eine autoritative Weltdeutung, wie sie in der Normalverkündigung der Kirche begegnet, nicht mehr überzeugend. Der katholische Soziologe F. X. Kaufmann spricht von dem „Verdacht einer zentralperspektivischen Vereinfachung"[2] im derzeitigen Christentum, die Gott zur alles erklärenden „Weltformel" macht und im Grunde die biblischen und altchristlichen Aussagen über die Transzendenz Gottes, über das „Anderssein" Gottes nicht ernst nimmt. Zu einer Weltformel kann man nicht beten, sie kann man höchstens für falsch halten, bestreiten oder sie für überflüssig erachten. Von der Radikalität des alttestamentlichen Psalmisten, der mit Gott hadert, der gegen ihn protestiert, ja manchmal an ihm verzweifelt ist unsere christliche Normalfrömmigkeit oft weit entfernt. Das Nachdenken über die Möglichkeit einer christlichen Gottesrede nach Auschwitz,

[2] F. X. Kaufmann, Der Verlust der Zentralperspektive und die Rehabilitierung des Religiösen. Das Dilemma der Kirchen in der postmodernen Gesellschaft, in: St. Pauly (Hrsg.), Kirche in unserer Zeit, Stuttgart 1999, S.23-35, hier 34

für das ich *Johann Baptist Metz* als Kronzeuge nenne, hat diesbezüglich ein Umdenken eingeleitet.

„Gott größer denken" heißt, dass die Christen selbst in tiefgehender Weise umkehren müssen zu dem Gott der Verkündigung Jesu und der biblischen Schriften. Das Christentum unserer Breiten braucht eine Radikalisierung des Gottesglaubens, eine Transparenz allen kirchlichen Agierens und Redens auf die unbegreiflich größere Wirklichkeit Gottes hin, vor dem allein alles Fragen der Menschen verstummen kann. In diesem Sinn ist es richtig, von der „Selbstevangelisierung" der Kirche zu reden, die vor der Neuevangelisierung der Welt zu leisten ist.

Über diese hier angedeuteten Fragen müssen Theologen, Seelsorger und wache Christen noch sehr intensiv nachdenken. Ich frage mich z.B., ob nicht auch unser oft so verkümmertes sakramentales Leben mit diesem verkürzten, ungenügenden, den heutigen Lebenserfahrungen nicht standhaltenden Gottesbild zu tun hat. Ist nicht beispielsweise die Taufe als existentielles Sterbens- und Auferstehungsgeschehen in unseren Breiten zu einem bürgerlichen Ritual verkommen, das nicht mehr erkennbar werden lässt, worum es hier eigentlich geht? Gibt es so etwas wie eine „Taufidentität" von Christen? Ist tatsächlich unser Leben der Rohstoff, die „Materie" der Sakramente, die wir so harmlos feiern, als gingen wir mit unserem „Lebens-PKW" zur nächsten Tankstelle? Nein, sakramental wird überhaupt nichts „getankt", was nicht vorher schon mit Christus in den Tod gesenkt und mit ihm auferweckt worden ist.[3]

Doch genug dieser Hinweise, die nur eines verdeutlichen sollten: Der Atheismus und Säkularismus unserer Mitmenschen und der in uns selbst vorhandene Atheismus rufen nach einem vertieften Gottesglauben. Alles, was in diese Richtung Verkrustungen aufbricht, Erstarrungen im Herkömmlichen löst, Verharmlosungen entlarvt und Gott zum Horizont, „zum Omega" des Lebens und der Geschichte macht, statt ihn als (zusätzliche) „Versicherungspolice" gegen die Unbill und die Unwägbarkeiten des Lebens einzusetzen - all das setzt in der Mitte

[3] Vgl. S. Hübner, Eucharistie in Theologie und Praxis der katholischen Kirche, in: Anzeiger für die Seelsorge 1999, Heft 11, S. 521-531

unseres Christseins und unseres kirchlich-seelsorglichen Auftrags an. Jeder sieht ein, dass er für diese Aufgabenperspektive keine Handlungsrezepte geben kann. Aber es reicht schon, wenn wir das, was wir tagtäglich im kirchlichen „Betrieb" bewegen, von diesem Anspruch her kritisch prüfen.

2. Religiös auskunftsfähig werden

Ich knüpfe noch einmal an jene Episode an, die ich von dem bayerischen Pfarrer erzählte, der mit der ostdeutschen Frau nur mit Mühe ins Gespräch kam. Das „diesseitige" Lebensgefühl, das ich bei meinen mitteldeutschen Landsleuten (und manchmal auch bei mir) diagnostizierte, ist nämlich gar nicht so „diesseitig", wie es sich gibt. Hinter den Fassaden und durch die Spalten und Ritzen der menschlichen Biographien sind Sehnsüchte und Hoffnungen erkennbar, die im Letzten nur vom Evangelium gestillt werden können.

Das ist freilich eine Auskunft, die nicht im Sinne einer reinen „Anknüpfungs-Seelsorge" missverstanden werden darf. Ich erinnere an das soeben über die Krise unserer Gottesrede Gesagte. Gott ist nicht einfach eine Antwort auf vordergründige menschliche Bedürfnisse. Essen von normalem Brot ist Bedürfnisbefriedigung. Das eucharistische Brot dagegen, das ich bei der Meßfeier empfange, ist Existenzumwandlung. Aus einem in sich erstarrten, egomanischen Menschen soll eine zu Liebe und Hingabe fähige Person werden. Zugegeben: Diese Verwandlung dauert ein ganzes Leben lang - aber eben darum geht es letztlich in christlicher Existenz. Alles andere ist nur „Stützkorsett", Beiwerk, Hilfskonstruktion. Ich helfe mir immer mit der Formel: Der Vollender-Gott vor mir ist wichtiger als der Schöpfer-Gott hinter mir! Der Atem meines Gottesglaubens ist mehr die Sehnsucht als das Verstehen-Müssen und Erklären-Können um jeden Preis!

In diesem Sinn: religiös auskunftsfähig werden für den heutigen Menschen! Könnten Prediger an der Verkündigung Jesu, etwa an dem Gleichnis vom verlorenen Sohn, bei dem bekanntlich das Fest, die Freude Gottes über den heimkehrenden Sohn der Zielpunkt der Geschichte ist (vgl. Lk 15), etwas für die heutige Art zu predigen lernen? Wie können Gott und seine Verheißung so zur Sprache kommen, dass

Gott als anderer Name für die Freiheit und die Gnadenhaftigkeit unseres Lebens neu entdeckt werden kann? Ein kleines Beispiel dafür könnte die gute Akzeptanz des ökumenischen Segnungsgottesdienstes am Valentinstag in der Stadt Erfurt sein. Beziehungen werden von den Menschen als kostbare Gabe, aber auch als sehr zerbrechlich erfahren. Die französische Sprache kennt das Wort *gratuité* - Gnade, Liebe. Diese Wirklichkeiten, die eigentlich ein Leben erst lebenswert machen, sind immer „grundlos", „umsonst". Aber sie sind das eigentliche Lebenselixier. In diese Richtung zielt mein Votum: Glaube und Lebensalltag müssen wieder stärker zusammenkommen. Das Christentum als Botschaft von der überraschend grundlosen Liebe Gottes darf auch in der Postmoderne nicht kulturell stumm bleiben.

Einer der schwersten Mängel unserer Kirche in Deutschland ist der Ausfall einer in solch einen Gottesglauben einführenden Katechese. Das biblisch gesättigte, vom Glauben der Kirche inspirierte Sprechen von Gott ist ein wichtiges Desiderat der Seelsorge heute. Ich höre, dass hier andere Ortskirchen (etwa was von Frankreich oder von Südamerika zu hören ist) weiter vorangeschritten sind als wir. Hat uns die Chance, mit religiösem, christlichem Bildungsgut in der Schule präsent zu sein den Mut zur eigenständigen kirchlichen Katechese genommen? Instinktiv spüren wir im Osten, dass Religionsunterricht als Schulfach zwar eine wertvolle Erweiterung unseres kirchlichen Aufgabenfeldes ist - aber dieser muss einer lebendigen Katechese für, in und durch die Gemeinde nachgeordnet bleiben. Es muss auch so etwas geben wie eine praekatechumenale Einführung in den Glauben, die auf unterschiedlichen Wegen erfolgen kann - nicht zuletzt auch im Raum der Öffentlichkeit. Zielpunkt freilich der Pastoral sollte sein eine „Sprachbefähigung" aller in der Gemeinde, die in den vielfältigen Formen katechetischen Arbeitens erworben und gepflegt werden kann. In diesem Sinn sind die Wiederbelebung des Katechumenats und von Formen einer „dialogischen Katechese" mit Erwachsenen Aufgaben, die für die Zukunft wichtig sind. Nicht nur die mit der Pastoral Betrauten, alle Getauften müssen religiös „sprachfähig" werden, einschließlich der Sprache des Gebetes - und was diesem Ziel im Gemeindeleben dient, auch im Tun der Hauptamtlichen, darf mit Recht anderes verdrängen.

Ich erinnere in diesem Zusammenhang an Aussagen der Dresdener Pastoralsynode (1973-75) in dem Beschluss: „Aspekte des Verkündigungsdienstes der Gemeinde“.[4] Diese Aufgaben sind noch lange nicht erledigt!

3. Den „Nächsten“ als Anruf Gottes entdecken

In einem war die DDR-Gesellschaft noch von säkularisierten christlichen Idealen bestimmt: Ihre Führer träumten von einer „sozialistischen Menschenfamilie“, in der aufgrund der Befriedigung der Bedürfnisse aller die Menschen glücklich werden sollten. Dieser Traum ist zerplatzt, vermutlich weniger wegen der falschen Ökonomie des alten Systems als vielmehr wegen seines defizitären Menschenbildes. Der Sozialismus wäre vielleicht mit Heiligen, aber sicher nicht mit uns Sündern gelungen!

Zutiefst bleibt aber dem Menschen, nicht nur im Osten, das Verlangen erhalten, in gelingenden, versöhnten Beziehungen leben zu können. Die wahren Nöte des Menschen sind meistens nicht die materiellen Nöte, sondern die Beziehungsnöte. Der mir „Nächste“, nicht nur der im allgemeinen nicht so störende „Fernste“, ist nach christlichem Ver-

---

[4] Vgl. Konzil und Diaspora. Die Beschlüsse der Pastoralsynode der katholischen Kirche in der DDR. Leipzig o.J. (1976) S. 93, Nr. 75: „Eine weitere Aufgabe ist der Versuch, eine dem Menschen unserer Tage gemäße Sprache zu finden. Viele Gemeindemitglieder sind kaum in das Sprechen von Gott und vom Glauben eingeübt. Ihnen bleiben religiöse Wahrheiten häufig leere Formeln, die kein Leben wecken. Deshalb ist es wichtige Aufgabe der Verkündigung, die Botschaft des Evangeliums so zu sagen, dass sie auch in einer vorwiegend technisch-naturwissenschaftlich orientierten Welt verstanden werden kann.“
Ebd., S. 99, Nr.99: „Der Christ muss lernen, in entsprechenden Situationen
- Erfahrungen des Alltags im Licht des Glaubens zu deuten;
- in Gesprächen über Lebensfragen die Dimension des neuen Lebens in Christus einzubringen;
- dem Gesprächspartner den Sinn des Lebens, Sterbens und Auferstehens Christi zu erschließen.
Dabei sollte er beachten, was für den Zuhörer nötig und möglich ist.“
Ebd., S. 99, Nr. 101: „Die Christen müssen es im Raum der Gemeinde und ihrer Gruppen lernen und einüben, den Glauben mit eigenen Worten auszusprechen, um zu eigener Klarheit zu kommen und sich Menschen, denen der Glaube fremd ist, verständlich machen zu können.“

ständnis der konkrete Anruf Gottes für mich, und die Hinwendung zu dem Menschen neben mir ist der Bewährungsort meines Christ- und Menschseins. Dort, wo die Sozialwissenschaften von Wertebeziehungen und Wertbindung reden, sprechen Christen von Nächstenliebe, von Treue, von Dienstbereitschaft, von Sinnerfüllung im Vergessen des alten „egoistischen" Adam in uns. Die großen institutionellen kirchlichen Werke der Caritas und Diakonie werden sicher auch in Zukunft wichtig bleiben. „Sprechender" aber im Sinne einer deutlicheren christlichen Profiliertheit wird sein die Zuwendung von Mensch zu Mensch - um der Liebe Christi willen, der durch seine „Armut" uns reich gemacht hat, wie *Paulus* einmal sagt – übrigens, um für eine Kollekte zu werben (vgl. 2 Kor 8,9)!

Begleiten, die Menschen „vernetzen", einen Weg mit ihnen gehen, sie trösten, ihr Leben und Sterben österlich beleuchten, die Zurückbleibenden nicht abschreiben und die enthusiastisch Glaubenden „dämpfen" - das alles sind für mich heute wichtige Schlüsselbegriffe einer Pastoral, die an den besten Vorbildern der Seelsorgsgeschichte Maß nimmt.

Ich breche hier mit meinen Ausführungen ab. Zwei Nachbemerkungen seien erlaubt:

1. Was ich gern meinen Pfarrern sage, gilt sicher auch allen Christen, besonders jenen, die manchmal am derzeitigen Zustand der Kirche leiden: Die Gesamteinstellung unserer kirchlichen Arbeit darf von einer in sich ruhenden Selbstgewissheit getragen sein: Wir bezeugen einen Gott, der nicht auf unseren Dienst angewiesen ist. Eine lebendige und offensive Pastoral greift nicht einem hilflosen Gott unter die Arme, sondern sie dient vor allem uns selbst: **Wir** bleiben in der Osterwirklichkeit, wenn wir zusammen mit dem österlich präsenten Christus auf andere zugehen. Als Seelsorger schaue ich letztlich zu bei dem, was Gottes Geist selbst in den Herzen der Menschen bewirkt. Wenn wir diese Perspektive von Kirche-Sein und Pastoral im Blick behalten, fallen wir nicht in die heute manchmal anzutreffende Versuchung, schadenfroh nur die Defizite heutiger Kultur oder Unkultur aufzuspießen, nur in kritischen Kontrasten zu denken und das Ge-

spräch mit dem heutigen Lebens- und Weltgefühl zu verweigern. Die kritische, aber von Grundsympathie getragene Begleitung der Menschen, so wie sie sind, nicht, wie wir sie haben möchten; der gemeinsame Weg, das gemeinsame Gespräch, die Einladung zum gemeinsamen (!) Fest, diese Metaphern aus dem Gleichnis vom verlorenen Sohn (Lk 15)[5] sind für mich hilfreiche Markierungen für das Wirken und das Selbstverständnis einer Kirche in heutiger, unkirchlicher Zeit.

2. Nachbemerkung: Mancher mag sagen: Was ist in diesen Überlegungen typisch für ostdeutsche Verhältnisse? In der Tat, das meiste in meinen Überlegungen gilt auch für die kirchliche Situation des Westens. Aber was wir Christen im Osten Deutschlands unseren Landsleuten im Westen vermitteln können, ist dies: die kostbare Erfahrung, dass so gewaltig aufgeblasene Mächte - wie die mit staatlichem Zwangsmitteln durchgesetzte alte atheistische Ideologie - vor Gebeten und Kerzen ihr Leben aushauchte. Auch wenn da sicher noch andere Faktoren mitgeholfen haben - die sieghafte Zuversicht, als Kirche und als Christen auch den jetzt herrschenden „Mächten und Gewalten" standhalten zu können, das demütige Selbstbewusstsein, wie damals auch heute gehalten zu werden - diese Zuversicht und Gewissheit wünschte ich der ganzen Kirche Deutschlands.

[5] Vgl. J. Wanke, Kennt der christliche Glaube den Menschen? Auskünfte zum christlichen Menschenbild aus dem Lukasevangelium, in: Anzeiger für die Seelsorge 1999, S. 426-430

WORT - GOTTES - FEIER

DIE SIEBEN DURCHSICHTIGEN TAGE

Schöpfungsbericht und Glaubenserfahrung

Glaubensweg des Gott-Suchenden Christen

Text und Gestaltung: Sr. M. Hedwig, Silja Walter OSB
Hans Jürg Stefan, Sr. Irene Gassmann OSB

EINGANG

GENESIS
Am Anfang schuf Gott Himmel und Erde. Die Erde aber war wüst und weiss. Finsternis lag über der Urflut, und Gottes Geist schwebte über den Wassern. 1,1-2

Orgel

Still
Noch ist nichts als nichts
Über den schlafenden Wassern
die Taube
Tänzerin Taube
darüber hin
kreisum darüber,
kreisum dahin-

Orgel Kehrvers GI 253

Seid still
Unterm runden Glitt
und Gleiten
unterm Tanz der Taube
kreisum darüber
kreisum dahin
erwachen die Zeiten
und das Nichts
fängt an singen darin

Orgel Kehrvers GI 253

Still
Horch
Es spricht,
ins silberne Drehen
der Schöpferin Taube
über den schlafenden Wassern

kreisum,
immer kreisum darüber hin
horch
da spricht Einer

ERSTER TAG Es werde Licht

GENESIS
Gott sprach: es werde Licht. Und es wurde Licht. Gott sah, dass das Licht gut war. Gott schied das Licht von der Finsternis, und Gott nannte das Licht Tag, und die Finsternis nannte er Nacht. Es wurde Abend, und es wurde Morgen: erster Tag. 1, 3-5

CREDO: Ich glaube an Gott den Vater, den Allmächtigen

ERSTE KERZE

ERFAHRUNG
An Gott hatte ich immer geglaubt. Aber mein Glaube war blind, taub und lahm. Bis zu jenem Morgen in den Sommerbergen. Da erkannte ich: Gott ist keine Theorie. Gott ist jemand. Ich begann, Gott zu suchen, von mir weg auf ihn hin zu laufen.

MEDITATION

Licht steigt aus meinem
Nachtschattenwald
Morgenrot
liegt überm Haus
mein Trauerbaum tanzt
im neuen Wind
und die Nacht läuft aus

STILLE

Orgelimprovisation Kehrvers GI 253

ZWEITER TAG Gott erschafft den Himmel

GENESIS

Dann sprach Gott: Ein Gewölbe entstehe mitten im Wasser und scheide Wasser vom Wasser. Gott machte also das Gewölbe und schied das Wasser unterhalb des Gewölbes vom Wasser oberhalb des Gewölbes. So geschah es, und Gott nannte das Gewölbe Himmel. Es wurde Abend und es wurde Morgen: zweiter Tag. l, 5 - 6

CREDO: Ich glaube an den Schöpfer des Himmels und der Erde

ZWEITE KERZE

MEDITATION

Jetzt ist ein Übermir
über mir da,
rundum über mir,
und ich stehe
und sehe,
wie es wartet
auf mich,
rundum über mir
wartet -
Es könnte wohl sein,
du stürzest herein!
Ach du,
mein mich bestürzendes
"Über-mir" über mir,
einstürzendes Dach -

STILLE

Orgelimprovisation Kehrvers GI 253

DRITTER TAG Gott schafft Land und Pflanzen

GENESIS

Dann sprach Gott: das Wasser unterhalb des Himmels sammle sich an einem Ort, damit das Trockene sichtbar werde. So geshah es. Das Trockene nannte Gott Land, und das angesammelte Wasser nannte er Meer. Gott sah, dass es gut war. Dann sprach Gott: das Land lasse junges Grün wachsen, alle Arten von Pflanzen, die Samen tragen und vom Bäumen, die auf der Erde Früchte bringen mit ihren Samen darin. So geschah es. Gott sah, dass es gut war. Es wurde Abend, und es wurde Morgen: dritter Tag. l, 6 - 8

CREDO: Ich glaube an Jesus Christus, seinen eingeborenen Sohn, unseren Herrn, empfangen durch den heiligen Geist geboren von der Jungfrau Maria.

DRITTE KERZE

1. MEDITATION

Über dem Mädchen
ist er
hereingestürzt
der Himmel.
Ave
sang er dabei.
Über dem einen
alleinen
brach er
über dem Ave-Mädchen
herein.
Denn Himmel will Land
wenn er fällt
und sinkt.

Will, dass die Erde
seine Feuermilch
trinkt
wenn er sinkt.
Will wen umarmen,
er will ein Kind.

ERFAHRUNG

Was uns oft still, oft mächtig anzieht, verbleibt zwar immer über uns. Es kommt aber auf uns zu. Sozusagen ohne sich zu rühren. Hinter allen Fernen ist es auf uns hin. Und es ist wie eine Öffnung in sich selbst, Öffnung in immer neue Öffnungen hinein.

Das ist die Zeit, wo ich die Schrift zu lesen begann. Nicht mehr nur um zu wissen, was darin steht. Ich stelle fest, dass ich in der Bibel einem Menschen gegenüber stehe, in dem das Geheimnis des "Übermir-" über mir wohnt. Ein Mensch wie ich und alle andern. Aber von dem, wo er herkommt, ist er der schlechthin Andere. Himmel und Erde in seiner eigenen Person: Jesus Chrsitus. Hören, hören, was er sagt, darum geht es jetzt. Hören auf sein Wort.
Aber auch in den Bildworten der Schrift lässt er sich finden. Zeichenhaft ist nun alles für ihn, für seine Person, sein Werk und sein Geheimnis. Alle Schöpfungsdinge wie Licht, Wasser, Stein, Stern, Blume und Baum, ja selbst der Wohlgeruch meinen Ihn selber.

2. MEDITATION

Fängst du zu sprechen an
brechen Süsswasserbäche
aus Asphalt.
Und aus dem Beton fangen Blume
und Baum an zu treiben und
hangen voll Samen
und Pilz, Kraut und Beere
Seit ich dich reden und rufen höre
aus Kapseln und Keimen
treibt es und treibt im Geheimen in mir.

Du lässt dich selber Hennablüte nennen
Apfelbaum in dessen Schattenrund
ich ruhen soll
Myrrenbüschel nennt dich deine Freundin
ihre Finger sind von deinem Duft am Riegel ihrer
Türe
wenn sie ihn aufstösst
voll.

3. MEDITATION

Du sprichst in mir
im Feuerdom
im Korn
im Wein
gibst du mir dein Geheimnis
zu essen
zu trinken.
Wort,
du bringst meine Erde
zum Spriessen

4. MEDITATION

Nun hab ich meine Insel gefunden.
Den Ort
Wo das Wort
das Welt
und Himmel
im Leben erhält
aus der Höhe fällt
aus der Tiefe steigt
Himmel und Welt
sind in mir jetzt verbunden
Ich habe meine Insel gefunden.

ERFAHRUNG

Mit dem Erwachen begann es, mit Ausbrechen und Laufen und mit dem Ankommen im Hören. Dann versuchen zu tun, was ich höre, so geht es in den Glauben hinein. Und nun steh ich im Geheimnis, das Jesus heisst. Ihn aufnehmen im Wort, im Brot und im Wein, Essen und Trinken, da hinein geht es nun weiter mit mir. Und da geschieht neue Öffnung, Erfahrung neuer Öffnung in neue Öffnungen hinein, das hört nicht mehr auf.

5. MEDITATION

Du
Lass mich dich kennen
dann lass ich das Rennen
ich laufe nicht weiter
ich höre dir
zu.

STILLE

Orgelimprovisation Kehrvers GI 253

VIERTER TAG Gott schafft Sonne, Mond und Sterne

GENESIS

Dann sprach Gott: Lichter sollen am Himmelsgewölbe sein, um Tag und Nacht zu scheiden. Sie sollen Zeichen sein und zur Bestimmung von Festzeiten, von Tagen und Jahren dienen; sie sollen Lichter am Himmelsgewölbe sein, die über die Erde hin leuchten. So geschah es. Gott sah, dass es gut war. Es wurde Abend, und es wurde Morgen: vierter Tag. Ll 14 - 15; 18 - 19

CREDO: Gelitten unter Pontius Pilatus, gekreuzigt, gestorben und begraben, hinabgestiegen in das Reich des Todes, am dritten Tag auferstanden von den Toten, aufgefahren in den Himmel. Er sitzt zur Rechten Gottes, des allmächtigen Vaters, von dort wird er kommen, zu richten die Lebenden und die Toten.

VIERTE KERZE

ERFAHRUNG

Inneres Licht, das ist jemand. Jener, der sagt: ICH bin das Licht der Welt (Joh 8,12). Licht der Welt, das ist die Sonne. Wo sie nicht scheint, ist Nacht.

1. MEDITATION

Du hobelst Bretter glatt
verkaufst einen Tisch
Licht der Welt
Wie ist das?

Stolperst durch Sand
und Geröll und hungerst,
den Satan um dich
Licht der Welt
Wie ist das?

Schwingst den Strick
über Geldwechsler
und Händler im Tempelbazar
Licht der Welt
Wie ist das?

Brausende Ewigkeit
urzeitliches Licht in dir
und du schläfst
auf einem Kissen
im Kahn.

ERFAHRUNG

Ich war sicher, mit der Intelligenz liesse sich schliesslich alles einsehen und verstehen. Doch da gerate ich mehr und mehr in eine Art von Denkdunkel. Der Verstand stösst sich am Glauben und das ist gegenseitig. Das eine versperrt dem andern die Ein- und Aussicht. Nacht. Dieses Dunkel kommt vom Licht. Es will im Dunkel wohnen.

2. MEDITATION

Blind machst du mich,
Gott, Sonne.
Mein Gehirn verdorrt.
Was soll's noch?

Wenn Denken und Fühlen
und Sehen
nicht mehr zu spielen
verstehen,
was soll's noch?

Hat Glaube Sinn,
wenn ich nicht mehr
ich selber bin?

ERFAHRUNG
Wüste, Dürre, Zweifel, Resignation und Angst, Auflehnung und Flucht. Gebet, Gespräch, das Dunkel endet nicht. Das entfremdet mich mir selbst. Die Erfahrung der Sinnlosigkeit - eine Art Sterben. Geheimnisvoll läuterndes Sterben vom Kreuz Christi her ins neue Leben hinein. Vom Kreuz her zieht uns die Sonne Christus wie Wasser aus dem Meer an sich.
Nun sieht man, wie es sich verhält. Was der Christ, der Christusgläubige erfährt, läuft in der Welt im Grossen ab: Finsternis der Welt gegen das Licht der Welt. Verläuft durch Christi Jünger und Jüngerin hindurch.

STILLE

Orgelimprovisation Kehrvers GI 253

FÜNFTER TAG Gott erschafft Fische und Vögel

GENESIS

Dann sprach Gott: das Wasser wimmle von lebendigen Wesen, und Vögel sollen über dem Land am Himmelsgewölbe dahinfliegen. Gott schuf alle Arten von grossen Seetieren und Lebewesen, und alle Arten von gefiederten Vögeln. Gott sah, dass es gut war. Es wurde Abend und es wurde Morgen: fünfter Tag. l, 20 - 23

CREDO: Ich glaube an den Heiligen Geist, die heilige katholische Kirche, Gemeinschaft der Heiligen.

FÜNFTE KERZE

1. MEDITATION

Was bin ich denn?
Ein Fisch im Wimmelzug?
Fisch im Boot,
ein behender
aus Netzgarn gelöster,
in deinen Topf
Christus
eingesammelter
zuckender Fisch
an der Lände.

Sie verblieben Fischer
deine Jünger
auch als sie der Feuerwind
vom See hinaus, weg
in die Meere trieb. Und immer,
auch heute, stehst du, Christus,
frühmorgens am Quai
und lädst auch uns
zu Tische.

ERFAHRUNG
Sieht man sein Dasein darin, in der Heilsgeschichte, wird Kirche zum Ort, wo das Christus-Ereignis in ihrer Liturgie zeitlos geschieht: seine Geburt, sein Leben, seine Passion, sein Tod, seine Auferstehung und Erhöhung. Eucharistie, Abendmahl wird Mitte unseres Glaubens und Lebens.

Ich lernte auch den Lobpreis der Kirche kennen, der von der Urgemeinde im Psalmengesang auf uns überkam, ihr grosses Gebet im Heiligen Geist.

2. MEDITATION

Kirche
Schattenlaube
der Taube
Ort wo sie
wie über der Urflut
kreiselt und ruht
das macht,
dass die Kirche
lobpreist und singt.

ERFAHRUNG
Es gibt auch das freie Loben und Danken von Christen in Getriebe und Hast des Alltags. Wie beeindruckend dieses zwecklose selbstlose Gott-Loben und Danken!

3. MEDITATION

Vögel
lassen sich tragen
vom Wind.
Auch Vögel sind
Zeichen -

fahren
hoch über die Erde hin,
und offenbaren
mit ihrem süssen Geschrei:
Gott preisen und loben
macht frei.

ERFAHRUNG
Bei diesem Singen und Anbeten im Geist kann es geschehen: Blinde sehen, Lahme gehen, Taube hören wieder im Namen Jesus, der neue Schöpfung schafft.

STILLE

Orgelimprovisation Kehrvers Gl 253

SECHSTER TAG Gott erschafft Landtiere und Menschen

GENESIS

Dann sprach Gott: Das Land bringe alle Arten von lebendigen Wesen hervor, von Vieh, von Kriechtieren und von Tieren des Feldes. So geschah es. Gott machte alle Arten von Tieren des Feldes, alle Arten von Vieh und alle Arten von Kriechtieren auf dem Erdboden. Gott sah, dass es gut war. Es wurde Abend und es wurde Morgen: sechster Tag.
l, 24 - 31; 3,1 - 24
Und Gott sprach: Lasst uns Menschen machen als unser Abbild. Und Gott schuf den Menschen als sein Abbild, als Abbild Gottes schuf er ihn. Als Mann und Frau schuf er sie. Und Gott sah alles an, was er gemacht hatte. Es war sehr gut. Es wurde Abend, und es wurde Morgen, der sechste Tag.

1. MEDITATION

Dass ich Weltall
deine Mitte bin
ich Mensch
dass jedes Ding
unten im Sand
oder überm Regenbogen
auf mich hin bezogen
dass sich um mich
Welträume
samt den Sternen
drehen,
muss ich einsehen
lernen
und wissen -
ich kann nicht heraus
aus dem Sandhaus
aus Erde und Zeit
ohne ins Lichtzelt
der Weisheit von oben
hineingerissen
zu werden
immer im Sog von innen
immer im Sog nach aussen
immer in beiden hängend
Ich schwingender
singerder Kosmos
Mensch

CREDO: Ich glaube an die Vergebung der Sünden.

SECHSTE KERZE

1. MEDITATION

Es war unter der schönsten Dattelpalme
oder war es ein Pfirsichbaum
mitten im Park.

Ich sah
wie süss seine Frucht
war
sie hing so tief -
sie hing mir ins
Haar
da geschah:
ich ass
und vergass
Gott.

Es war Nacht
Sünde
ist innen
rot
man hört Blut
darin
rinnen
und Schritte.
Man ist eben tot
in der innersten
Mitte
und hockt im
Gebüsch.
Vor Angst.

O sechster Tag
Menschentag
Schlangentag.

O du schrecklicher Tag.

Ich habe dich
in mir
noch jetzt.
So sehr hast du alle
Schöpfung
zu Tode verletzt.

Du hast den Tod
freigelassen
unseliger Freitag
der Welt

Die ganze Woche ist
voll
von dir.

3. MEDITATION

Herr lass mich
mit all
meinen sechs Tagen
in die Reue einmünden.
In ihr werde ich finden
den siebten Tag.
Lass mich all meine sechs Tage
im neuen ausweinen.
Dann werden sich freuen
die Engel,
dass ich
heimgekehrt bin.

STILLE

Orgelimprovisation Kehrvers GI 253

SIEBTER TAG Gott ruht

GENESIS
So wurden Himmel und Erde vollendet und ihr ganzes Gefüge. Am siebten Tag vollendete Gott das Werk, das er geschaffen hatte, und er ruhte am siebten Tag, nachdem er sein Werk vollbracht hatte. Und Gott segnete den siebten Tag und erklärte ihn für heilig, denn an ihm ruhte Gott, nachdem er das ganze Werk der Schöpfung vollendet hatte. 2, 2 - 4

CREDO: ich glaube an die Auferstehung der Toten und das ewige Leben. AMEN

SIEBTE KERZE

ERFAHRUNG
Alles, was wir im Glauben erfahren führt in den Tod Jesus auf Golgata, in seine Auferstehung am Ostermorgen. Hier kommt alles an. Hier geht das Alte über ins Neue: in neue Schöpfung, in den neuen Bund. Darum muss unser Hören, Laufen, Tun, Leiden, Schweigen und Schauen und Sterben, wie wir es jetzt schon erleben, im Ostermorgen ankommen, in der Begegnung mit dem Auferstandenen.

1. MEDITATION

Hinter verriegelten Türen
Wart ich auf nichts mehr
Und da steht Er.

Ostern.
Und er spricht:
Fürchtet euch nicht.
Und er haucht auch mir
ins Gesicht.

So jemand
vergisst nie mehr
was er ist,
wie er heisst:
Neugeboren im Heiligen Geist
Kind Gottes
Neue Schöpfung.

ERFAHRUNG

Neues Menschsein, neue Schöpfung kann nur im Bewusstsein, noch immer im Un-Heil zu sein, erfahren werden. Noch bin ich immer ich selbst. Noch ist die Welt Welt. Aber die Gabe, das neue Leben bleibt im Glauben geschenkt.
Zuunterst im dunklen Grundwasser liegt Glanz. Man sieht ihn auch im Gesicht und Leben aller, die ihr Un-Heil, ihren sechsten Tag vom siebten her bestehen.

2. MEDITATION

Offen stehen jetzt
alle verschlossenen Öffnungen
ins Ganze.
Aller sechs Tage
Schöpfungssehnsucht
ist im siebten
gestillt.
Wir sind angekommen
im Kommen,
das unsere Tage und
Herzen
erfüllt.

Maranatha.

Komm, Herr Jesus!

A U S G A N G

Orgel

Dein Leben, dein Leben
o Gloria Gott
fliesst, glühend wie Wein,
in Gestirn und Gestein
und bringt den Kosmos zum Tanzen
o Gloria Gott!

Orgel

Aus heimlichen Toren
der Zellen und Poren
wird Sein und Gestalt
und Kraft und Gewalt
der Schöpfung gezeugt und geboren.
o Gloria Gott!

Orgel

Ich höre beim Lauschen
ein dauerndes Tauschen
von Tod und Erstehn
im brausenden Drehn
des Alls, das die Himmel umrauschen
o Gloria Gott!

Orgel

UIOGD

Mönche und Nonnen

Ihre Chancen und Schwierigkeiten im Dialog mit Gottsuchenden
Eine Zusammenschau der hier veröffentlichten Beiträge

Willibrord Godel

Gott hat in Deutschland die Mehrheit verloren. So äußert sich ein Zeitgenosse. 45 % der Einwohner gehören noch Kirchen an. Tendenz fallend. In den alten Bundesländern 52 %, in den neuen 20 %. Gott bedeutet nichts mehr für 2/3 der 18- bis 30-jährigen im Westen und für nahezu 100 % im Osten.

Analysen dessen, was sich hinter dieser quantitativen Beschreibung kirchlicher Existenz heute verbirgt, geben uns die Referate von Bischof Wanke und Dietrich Koller in weitgehender ökumenischer Einmütigkeit. Gabriel Heuser beschreibt die konkreten Erfahrungen mit den Menschen im Umkreis des neugegründeten Klosters Wechselburg. Während Bischof Wanke und Dietrich Koller zunächst Ostdeutschland im Blick haben, so geht Karl Schlemmer von Westdeutschland aus. Bei jedem ist aber deutlich, daß die Krise in vielen Facetten die Grenze zwischen Ost- und Westdeutschland überschreitet.

Diese Umbruchsituation geht an unseren klösterlichen Kommunitäten nicht spurlos vorüber. Bei den meisten beunruhigt der rückläufige Nachwuchs. Dabei stellt sich dann notwendig die Frage, welche überkommenen Aufgaben noch fortgeführt werden können, etwa Schule oder größeres Engagement in der ordentlichen Seelsorge. Solche Überlegungen, die in manchen Konventen schon Früchte getragen haben, mögen der Hintergrund dafür gewesen sein, daß sich die Theologische Sektion der Bayerischen Benediktiner-Akademie in einem Auswahlverfahren mit großer Mehrheit ihrer Mitglieder für das hier vorgestellte Thema entschieden hat. Andererseits erfahren wir in

unseren Klöstern, daß Menschen auf uns aufmerksam werden, Menschen, die als unsere Gäste bei uns etwas suchen, was sie in ihrem Leben vermissen. Das trifft vor allem zu, wenn wir Angebote machen, die den Suchenden entgegenkommen. Zu diesen Angeboten gehört auch die Möglichkeit, als Einzelgäste oder in geführten Gruppen (z. B. „Tage im Kloster“, „Kloster auf Zeit“) über eine nicht zu kurze Zeit, entsprechend geistlich – auch in Einzelgesprächen – begleitet, am Leben unserer Kommunitäten teilzunehmen. Die Interessenten sind Christen aus den Kirchen der Ökumene: darunter erfahrungsgemäß auch solche, die wir heute als den Kirchen „Fernstehende“ bezeichnen. Sie schließen Gott nicht aus und haben Bezug zur Kirche bei den Grundvollzügen ihres Lebens und vielleicht auch an den hohen Festen.
Zu unseren Gästen gehören wie auch immer geprägte Atheisten, sei es, daß sie nie Beziehung zu einer christlichen Gemeinde hatten, sei es, daß sie diese aufgegeben haben. Es sieht so aus, als ob die monastischen Kommunitäten eine besondere Berufung hätten, im Blick auf Fernstehende und Atheisten: ein Charisma zur Mitwirkung bei der Neuevangelisierung von Menschen, allein schon durch ein spürbar gottbezogenes Leben. Dietrich Koller geht der Frage nach, wie klösterliche Kommunitäten sich darstellen, die am Prozeß einer Neuevangelisierung heute schon beteiligt sind. Wir sprechen von Neuevangelisierung – statt von Evangelisierung schlechthin – weil wir in einem Land leben, das noch weitgehend vom Christentum geprägt ist.

Treffpunkt zu sein für gottsuchende Menschen – diese Aufgabe scheint heute den Klöstern auf den Leib geschrieben. Doch dabei ist unverzichtbare Voraussetzung, daß Nonnen und Mönche wahrhaftig Gottsuchende sind. Das bringt Corona Bamberg in ihrem Beitrag zum Ausdruck. Anders gewendet: jeder Neuevangelisation muß eine Selbstevangelisation verbunden sein, sowohl in einer Ortskirche als auch in einer Kommunität. Dabei spielt das wahre Gottesbild eine entscheidende Rolle[1]. Auf solche Selbstevangelisation verweist der am Anfang des Symposiums stehende, von Silja Walter gestaltete Wortgottesdienst mit dem Titel „Die sieben durchsichtigen Tage, bestimmt für gottsuchende Christen“. Doch mögen wir Nonnen und

---

[1] vgl. Dietrich Koller

Mönche im klösterlichen Alltag tatsächlich Gottsuchende sein, mögen wir in der Lage sein, nonverbal – durch unser alternatives Leben – etwas hinüberzubringen von unserer Gottsuche, im Gottesdienst und im Schweigen, dann ist noch lange nicht sicher, ob wir das auch verbal fertig bringen, ob wir eine Sprache sprechen, die Menschen aus unserer oben genannten Klientel verständlich ist – und nicht klösterlich-sakralen Jargon für Insider. Darauf will uns P. K. Kurz aufmerksam machen, wenn er versucht, biblische Inhalte in unsakraler Sprache vorzustellen. Hilft uns, Mönchen und Nonnen, wenn wir mit Zeitgenossen kommunizieren wollen, die Einübung in eine Sprache, die der Transzendenz Raum lässt und dennoch verstanden werden kann? Hierher gehört auch die Frage der Zugänglichkeit der in unseren Gottesdiensten verwendeten Sprache, nicht zuletzt in unserer katechetischen und homiletischen Praxis. Erwächst dabei Kommunion aus einer gekonnten Kommunikation? Brauchen wir dazu nicht zuvor einen „Sprachkurs" für unsere Begegnungen: für das gemeinsame Suchen nach Gott? Das angesprochene Sprachproblem wird – im Vergleich zur Situation in den alten Bundesländern – noch verschärft im Blick auf die neuen. Die Abtei Ettal hat 1993 das Wagnis unternommen, in Wechselburg (Sachsen) ein Kloster zu gründen. Darüber berichtet Gabriel Heuser. Die Mönche erstreben dort ein Kloster als einen „Ort, an dem Gott gesucht wird", als „Schule für den Herrendienst", wie es der Regel Benedikts entspricht. Sie fanden dort eine beeindruckende romanische Kirche mit einem Lettner, der einen romanischen Cruzifixus von seltener Schönheit trägt. In der Bevölkerung trafen sie auf eine weitgehend entchristlichte, praktisch atheistische Gesellschaft. Für den Weg der Suche nach Gott begannen sie Brücken zu schlagen, durch die öffentliche Feier ihrer Gottesdienste, durch die Einladung zur Kreuzwallfahrt, durch das Angebot der Weggenossenschaft mit Menschen aus dem Umfeld. Bei all dem zeigte sich eine grundlegende Erfahrung – die längst auch auf die alten Bundesländer übergegriffen hat: viele Menschen sind zur Gottsuche einfach deshalb nicht disponiert, weil sie ihn gar nicht vermissen.

Vor allem in den alten Bundesländern beobachten wir, so Karl Schlemmer, aggressive Initiativen, die auf eine Eliminierung der Kirche aus der Öffentlichkeit überhaupt abzielen: Religion – das klingt gar nicht neu – ist Privatsache! Diese Initiativen müssen aber erfahren, daß die Soziologie die engagierte Minderheit kennt, die Einfluß und Ansehen gewinnen kann; dazu gehört auch eine Minderheit engagier-

ter Christen, die als solche eine politisch durchaus bedeutsame Kirche zu tragen vermögen. Zu diesen Christen zu gehören und ihre spirituelle Mitte zu sein, ist sicher auch Auftrag für Ordenschristen.
Unsere Gesellschaft ist geprägt von verschiedensten Initiativen, die sich ausweisen müssen durch ihre nützliche Dienstleistung für isolierte Bedürfnisse der Menschen. Dieser Grundsatz gilt für die staatlichen Institutionen, und deshalb wird er auch als für die Kirchen gültig betrachtet. Religion sei einerseits ein Angebot in der Freizeit, als Kompensation der beruflichen Arbeit. Das Leben der Mönche und Nonnen hingegen zeigt sich uns als eine alle Lebensbezüge des Menschen einschließende Existenz im Geheimnis des dreifaltigen Gottes, im „ora et labora", im Herrendienst der Regel Benedikts. Zum anderen aber sei Kirche zuständig für die Bewältigung der Kontingenz menschlichen Daseins, das ständig bedroht ist vom Sinnverlust, etwa in den Erfahrungen mit Natur- und Technikkatastrophen: Kirche als „Sinnapotheke"! Dieser zunächst auch partiell gedachte Dienst der Kirche in unserer Gesellschaft führt aber unschwer zu einer ganzheitlichen Sicht des Menschen in all seinen Beziehungen zu Gott und Welt: die Kontingenz menschlicher Existenz umfasst immer den ganzen Menschen. Diese Erfahrung liegt wohl auch in der Luft, wenn heute viele Ungetaufte, Konfessionslose und Fernstehende auf der Suche sind, nach einer alles Menschliche umgreifenden religiösen Beheimatung: heraus aus Hilflosigkeit, Ausgesetztsein und Angst. Sind wir Mönche und Nonnen in der Lage, diesen Suchenden ein befreiendes Gottesbild, eine menschenfreundliche Kirche zu vermitteln?

Eine wichtige Schiene in diesem Prozess ist die in unseren Klöstern gefeierte Liturgie. Ich höre immer wieder, wenn auswärtige Gruppen mit ihren Veranstaltungen zu uns kommen wollen, die Frage: können wir auch an ihrem Gottesdienst im Kloster teilnehmen? So erfreulich das ist, so problematisch ist es auch: Sind unsere klösterlichen Gottesdienste überhaupt zugänglich für Außenstehende, trotz aller Reform im 20. Jahrhundert? Setzt unsere Liturgie tatsächlich beim gegenwärtigen Menschen an, der im 21. Jahrhundert in einer inzwischen radikal veränderten gesellschaftlichen Szene lebt? Bischof Wanke und Dietrich Koller weisen in diesem Zusammenhang darauf hin, wie mit Menschen, die der christlichen Sakramentsliturgie völlig entfremdet sind, anlässlich wichtiger Lebenssituationen (z. B. Initiation, Ehe, Abschied und Tod) Feiern gestaltet werden können, die angenommen werden und auf Transzendenz hin offen sind. Was wir brauchen, so Karl Schlemmer, ist nicht volkstümlicher Service mit obsoleten Sakramentsritualen, sondern eine den Menschen von heute entsprechende Mystagogik in einem gut gestalteten Katechumenat. Hier sind die monastischen Klöster gefragt, mit ihrem intensiven liturgischen Leben. Das Gebet der Psalmen in den Tageszeiten, die gottesdienstliche Gestaltung der Feste des Kirchenjahres, dies und vieles andere mag Hinführung sein zum Höhepunkt der Liturgie überhaupt, zur Feier des Vermächtnisses Jesu in der Eucharistie. Eine Gottesahnung treibt Menschen heute um, die in ihrem Menschsein gründet, nicht zunächst in christlichen Glaubensinhalten. Auf diesem Hintergrund erwachsen der Kirche heute aber auch charismatische Begabungen, Mut zur Innovation und Kreativität, Vertrauen und ein sich Offenhalten für die Überraschungen des Geistes.

Von Karl Rahner stammt das Wort, der Christ der Zukunft sei ein Mystiker, oder es gebe ihn nicht mehr.
Die benediktinischen Kommunitäten haben im heiligen Benedikt – nach der Überlieferung Gregors des Großen[2] – einen Ordensvater, den wir zu den großen Mystikern zählen dürfen. Seine Gotteserfahrung schöpft er aus dem „Bei-sich-sein", dem „habitare secum". Dieses Motiv ist uns heute geläufig, besonders in den fernöstlichen Spiritualitäten. Es gibt viele Zeitgenossen, die auf der Suche sind nach ihrer Identität und von ihrem Anliegen etwas erfahren in unseren Kommunitäten[3].

In diesem Umfeld gilt es für die klösterlichen Kommunitäten, ihre je eigene Berufung für die Begegnung mit den Gottahnenden und Suchenden zu finden. In wie weit stellen sich die „professionell" gottsuchenden Nonnen und Mönche der ihnen auf den Leib geschriebenen Aufgabe?

Es zeigt sich, wie Corona Bamberg berichtet, daß die Begleitung Gottsuchender nicht nur innerhalb der Klostermauern gefragt ist, sondern

---

[2] Dialoge, 2. Buch
[3] vgl. den Beitrag von Emmanuel Jungclaussen

auch dort, wo die Dialogpartner leben und arbeiten. Wer sind diese Dialogpartner auf dem Weg zur wahrhaften Gottsuche?[4]
Nach Corona Bamberg Menschen, die mit Gott und Kirche „nichts am Hut haben", deren ernste und in die Tiefe gehenden Fragen uns aber oft beschämen. Menschen, die unserem klösterlichen Leben fern stehen, aber hellhörig und engagiert sind. Corona Bamberg zeigt anhand der von ihr beschriebenen Begegnungen die großen Chancen solchen Engagements. Sie macht aber auch darauf aufmerksam – als wichtiges Hintergrundwissen – daß es in Kommunitäten beachtliche Widerstände gegen das hier geschilderte Engagement geben kann. Das ist normal, sagt sie, sofern nur Gott gesucht wird. Was vielleicht überrascht, ist ihre Feststellung, daß es Atheisten auch im Kloster gibt. Der Dialog muß also nicht nur mit unserer Klientel stattfinden, sondern auch in der Kommunität – und die Fähigkeit dazu ist ohne die Liebe nicht denkbar.[5]

[4] Benediktusregel Kap. 58
[5] vgl. Benediktusregel Prolog und Kap. 72

Jeschua, Jeschua

Jesussuche – Gottsuche
Biblische ‚relecture' in unsakraler Sprache

Paul Konrad Kurz

Du[1]

Du überredest mich nicht
Du überwachst mich nicht
Du pochst nicht auf die Formel
wenn die Augen sich auftun

Du schreist mich nicht an
Du machst mich nicht stumm
Du verbündest dich
meinem geringen Verstand

Du schickst keinen Zensor
Du verlangst keinen Titel
Ich muß kein Spruchband aufsagen
Du stehst nicht als Präfekt vor der Tür

Deine Füße haben einen anderen Gang
Deine Gewänder sind andere Gestalten
Ich muß keinen Rock überwerfen
wenn ich im Hemd dasitze

---

[1] P. K. Kurz, Jeschua Jeschua, Zürich 1999, S. 165 f

Du tötest nicht meine Sehnsucht
Du verweist nicht meine Sprache
Eindrücke interessieren Dich
Du läßt Äußerungen gelten

Tag für Tag staune ich
über das Wunderbare vor dem Fenster
Abends fragst Du
ob ich die Morgenröte sah

Beschäftigt mit Gedanken
seit Generationen Gedachtem
Wahrscheinlich willst Du
daß ich das Heilige erkenne

Ja – weißt Du
ich lese
im Inneren der anderen
blättere in Büchern
Nachrichten Spalten
die mir die Zeitung reicht

Was mich treibt
ist nicht nur das Zerstreute
Was ich fühle
nicht nur das Erlaubte
Was ich höre
nicht nur ich selbst

Etwas buchstabiert
eine wortlose Sprache
Etwas im Traum
träumt fließende Bilder
Etwas in der Seele
fragt ob ich Dich glaube

Ja sag ich
wenn der Atem
die Glieder durchpulst
rufe nein
wenn mich das Dunkel
aus dem Hinterhalt würgt

Aber wer bin ich
daß

Litanei des Sehens[2]

Denn du siehst mich
Du siehst mich an
Du siehst mir zu
Du siehst in mich hinein
Dein Auge schaut mich

Du siehst mein Gehen
Du siehst mein Fahren
Du siehst mein Sitzen
Du kennst mein Eingelassenes
was ich ausließ

Du siehst nicht weg
Du siehst nicht von mir ab
Du siehst nicht über mich hin
Du siehst nicht an mir vorbei
Dein Sehen schaut mich

Du bist an mir interessiert
Du bist an meinen Augen interessiert
Du bist an meinen Ohren interessiert
Du bist an meinem Denken interessiert
Du behältst mich im Auge

Dich interessiert was ich tue
Dich interessiert was ich höre
Du willst wissen ob ich fühle
daß wir das Frühlicht sehen
und am Abend einander

Du siehst unseren Unmut
Du siehst unser Haar

Unsere Scham siehst du
Du bist am Ergehen
der Geborenen beteiligt

Oft bleibst du weit ab
Ich höre keinen Atem
dann schick ich einen Zettel
setze Füße auf den Weg
sag ich komme

Ich laufe die Richtung zu dir
Ich folge Zeichen zu dir
Ich suche Träger deiner Nachricht
Ich begegne Läufern deiner Sätze
Ich fange Gesprochenes auf

Ich kaue Geschichten von dir
Ich kaue Fragen zu dir
Ich lasse die Stunden kommen
Ich hoffe
daß du mich kauen siehst

Die Nacht summt Lieder ins Ohr
Die Nacht nährt Träume von dir
Die Nacht malt Bilder
auf ihren Schleier
Die Nacht ist ein großer Schoß

Ich komme nicht los von dir
Ich reiße nichts ab von dir
Ich trage Beschwerden im Rucksack
Ich nehme einen Mantel wahr
Der Saum des Mantels tröstet

Ich bewundere deine Propheten
Ich lausche Kantaten
Ich lese Dichter der Welt
Ich bete zu den Heiligen
Ich höre zu Zeiten das Licht klingen

Seit du hörst sagt der Wind
Seit du siehst sagt der Sehende
Seit du empfängst sagt die Frau
Seit wir ein Gespräch sind
der Geist

Litanei des Brauchens[3]

Weil wir Dich brauchen
Weil Du uns brauchst
Weil Er uns braucht

Die Leiden des Brauchens
Die Freuden des Brauchens
Die Lust des Gebrauchs

Weil Deine Ferne uns braucht
Weil Deine Nähe uns braucht
Weil Dein unerhörtes Wort uns braucht

Die Leiden der Ferne
Die Freuden der Nähe
Dein erregendes Wort

Weil die Väter Dich brauchen
Weil die Mütter Dich brauchen
Weil jeder Geborene Dich braucht

Die Zeugung der Väter
Die Geburten der Mütter
Die Hoffnung der Geborenen

Weil wir es hörten
Weil wir es sahen
Weil wir es nicht begriffen

Dein werbendes Wort
Dein verröchelndes Wort
Dein erscheinendes Wort

Weil unsere Fragen Dich brauchen
Weil unsere Sehnsucht Dich braucht
Weil unsere Zweifel Dich brauchen

Die Fragen der Getroffenen und die Fragen der Denker
Das Warten der Söhne und das Warten der Töchter
Das Zögern der Alten und das Verstummen der Greise

Weil unser Schmerz Dich braucht
Weil was wir Liebe nennen Dich braucht
Und unser Tun auf Erden

Diese Gebete des Schmerzes
Dieses Suchen der Liebe
Dieser Mut des Tuns

Weil Du uns erschaffst
Weil Du unter uns lebst
Weil Du zu Zeiten über uns fällst

Wir brauchen Dich morgens
Wir brauchen Dich mittags
Wir brauchen Dich abends

Wir brauchen Dich Herr
Gebrauche uns Herr
Dein Amen braucht uns

Magnifikat[4]

1
Die Augen auftun
die Ohren auftun
die Lippen
den verschnürten Leib
Was in mir atmet
die Seele groß werden lassen

Das Geschehene sammeln
das Erinnerte sammeln
die frühen Töne
die Abend-Töne
Schweige-Töne
die das Hören umfängt

Kommen lassen
die Ruf-Worte
Wort-Erfahrungen
die Ausfahrt des Worts
seine Dunkelstürze
Muthelle am Tag

2
Und die zugesprochenen
Sätze der Brüder
Und die ausgesprochnen
Worte der Schwestern
Väter aus Vorzeittagen
Mütter des Worts

Und die Boten der Lüfte
Und die Boten der Seele

---

4 a. a. O., S. 155 ff

die plötzliche Berührung
meiner Atemhaut

Weil Er mich trotz
Widrigkeit gebar
Weil Er mich trotz Krieg
nicht töten ließ
Weil Er trotz Abbruch
Brücken baute

Weil Er in das Krumme
das die Wächter verwiesen Leben pflanzte
Weil er Kundige
in das Weglose schickte
Weil die Jäger am
Ende leer ausgingen

Weil Er dem Verzagten
Bilder in die Seele schickte
Weil Er dem Armen
Worte an den Rand gebar
Weil sein Engel
ihm die Stirn berührte

Weil ich vom Boden
aufstehen durfte
Weil ich nicht
in der Schlucht liegen blieb
Weil Er mir
Helfer sandte

Weil Er mir Füße gab
zu gehen
Weil Er Winde schickte
die mich atmen ließen

Weil Er ein Haus
zum Wohnen zeigte

3
Weil die Lästerer
mich nicht zerreißen durften
Weil Niederlagen
mich nicht lähmten
Weil ich wieder und wieder
meine Geburt schauen durfte

Weil meine Hungerkerze
nicht erlosch
Weil Er mir Lust
machte auf Kommendes
Weil Sein Licht aufging
über meinem Jahr

Obschon zu Zeiten unser Begehr
böse umgeht mit der Welt
Obschon wir nicht Herr sind
im Haus der Seele
Obschon der große Teller
uns den Blick trübt

Obschon ich auf die großen Fragen
keine Antwort weiß
Obschon ich die Leiden
der Menschen erbärmlich finde
Obschon die Haut
früh Flecken zeigt

Obschon ich den Gang der Geschichte
nicht erklären kann
Obschon ich die tägliche Gewalt

scheußlich finde
Obschon ich meine Ohnmacht
nicht übersehe

4
Weil ich Dich
nicht predigen muß
Weil Du mich zu Deiner Verteidigung
nicht ernsthaft brauchst
Weil ich Dich
Du sein lassen kann

Weil Du mir Glaube
in die Gefäße träufelst
Weil mir Hoffnung scheint
daß am letzten Tag nicht alles aus ist
Weil Du mich das Leben preisen läßt
das Jeschua gebar

Ich preise Dich aus meinem Bewußtsein
Ich preise Dich aus meiner Lebensgeschichte
Ich preise Dich inmitten der verstörten
Geschichte meines Volkes
Ich preise Dich auf dieser an keinem Tag
gewaltfreien Erde

Ich preise Dich
bis an die Grenzen meines Denkens
Ich preise Dich
bis zu den Polen der Erde
Ich preise Dich bis über die bildfremden
Galaxien hinaus

Ich preise Dein Erbarmen
ich preise Deine Nähe

Ich preise Deine Ferne
Ich preise daß Du mir
Zeit gelassen Dich zu erkennen
Ich preise die Geburt Deines Sohnes
Ich preise Seinen Ostermorgen

5
Ich preise Dich
durch die Bilder Deiner Offenbarung
Ich preise Deine
bildlose Gegenwart
Ich preise Dich durch meine Lichthaut
in den weitesten Raum

Gott suchen, wo er nicht vermisst wird

Zur Situation der Ettaler Neugründung in Wechselburg/Sachsen

Gabriel Heuser

1. Im August 1993 hat die Benediktinerabtei Ettal in Wechselburg eine kleine klösterliche Niederlassung errichtet. In der langen, 670-jährigen Geschichte Ettals ist dies die erste Neugründung. Sie wurde mit dem Ziel vorgenommen, daß sich nach einer Erprobungsphase und unter der Voraussetzung einer entsprechenden personellen wie wirtschaftlichen Entwicklung dort einmal ein selbständiges Kloster etablieren kann.

Der Entscheidungsprozeß im Ettaler Konvent war kein leichter und von vornherein eindeutiger. In vielen Gesprächen wurde das Für und Wider immer wieder aufgegriffen. Den Hinweisen auf den Kairos, auf die Chance der politischen und seelsorglichen Situation im Osten Deutschlands, auf die erhoffte aufbrechende missionarische Kraft einer solchen Entscheidung standen die Bedenken gegenüber, ob Ettal bei seinen Verpflichtungen gegenüber Schule und Internat (diese gewachsene Aufgabe sollte ja, das war allen klar, nicht beeinträchtigt werden) einen solchen personellen Aderlaß verkraften, ob die Gemeinschaft die notwendige innere Kraft aufbringen und durchhalten, ob unser Engagement dort überhaupt die richtige Antwort auf die wahrzunehmenden Erwartungen sein könne. So wuchs die entscheidungstragende Mehrheit für dieses Projekt nur langsam. Einige Konventualen machten sich vor Ort ein Bild von Wechselburg und seinem Umfeld. Wesentlich mitentscheidend war der Besuch des Bischofs von Dresden-Meißen im November 1992 in Ettal und seine werbende Begeisterungsfähigkeit. So konnte schließlich die Entscheidung für Wechselburg zu Weihnachten 1992 mit überzeugender Zustimmungsmehrheit getroffen werden.

In Wechselburg griff Ettal damit altes klösterliches Erbe auf. Denn seit etwa 1170 war der ursprünglich Zschillen („Bienenstand") genannte Ort ein Augustinerchorherren-Stift. Begründer waren der Wettiner Graf Dedo von Groitzsch und seine Ehefrau Mechthild, die übrigens die Großeltern der Hl. Hedwig und Urgroßeltern der Hl. Elisabeth von Thüringen wurden. Rund hundert Jahre später (1278) übernahm der Deutsche Ritterorden die Anlage als geistliche Kommende und brachte sie zur Blüte. Zeuge dieser ersten Phase ist die altehrwürdige romanische Basilika, deren (Teil-) Weihetermin unter dem 12. Nov. 1168 überliefert ist und die noch heute den spätromanischen Lettner mit der bedeutendsten Triumpfkreuzgruppe des frühen 13. Jahrhunderts beherbergt.

Durch die allgemeine Klosteraufhebung in der Reformation erwarben 1543 die Grafen von Schönburg-Glauchau durch Tausch (> Wechselburg) die Anlage und waren Hausherren und Baugestalter bis 1945, als sie in der sog. „Bodenreform" enteignet und vertrieben wurden. Während die Kirche dem Bistum Dresden-Meißen übereignet und in den folgenden Jahren Wallfahrts- und Pfarrkirche wurde, fand in den Räumen des ehemaligen Schlosses eine Krankenhauseinrichtung, seit 1960 bis heute eine Klinik für Kinder- und Jugendneuropsychiatrie Unterkunft. Zum Beginn 1999 konnte das Kloster einen Seitenflügel, das ehemals „Kleine Schloß", erwerben und in den folgenden Monaten grundlegend sanieren. Die Gemeinschaft, die seit 1993 in dem vom Bistum Dresden-Meißen zur Verfügung gestellten Torhaus leben und wirken konnte, kann fortan in angemessenen eigenen Räumen benediktinische Beständigkeit verwirklichen und ihre Aufgaben erfüllen.

Wechselburg ist heute eine kleine, jedoch selbständig gebliebene Gemeinde mit etwa 2400 Einwohnern im Tal der Zwickauer Mulde. Ihre Lage zwischen den Ballungsräumen um Chemnitz (ca. 30 km) und Leipzig (ca. 50 km) stellt für das Kloster ein günstiges Einzugsgebiet dar. Neben der kunstgeschichtlichen Anziehungskraft der Kirche bieten auch der weiträumig umgebende ehemalige Schloßpark mit seinem alten Baumbestand und die großen Waldgebiete am Hang des Rochlitzer Berges die Voraussetzung, daß Menschen zu einer geistlichen wie körperlichen Regenerierung finden können.

2. Benediktinerklöster sind und sollen sein „Orte, an denen Gott gesucht wird“ („Loci ubi deus quaeritur“: so der Titel einer Text- und Bilddarstellung aller (männlichen) Benediktinerklöster auf der Welt, Neuauflage St. Ottilien 2000). Klöster sind zunächst Gebäude, der Raum, die Werkstatt (RB 4,78), in denen sich die Gottsuche der einzelnen und dieser in der Beständigkeit der Gemeinschaft verwirklicht. Benedikt selbst gibt als das erste Kriterium für die Berufung der Neueintretenden an, „ob der Novize wirklich Gott sucht“ (RB 58,7). Er möchte mit seinen Klöstern eine „Schule für den Dienst des Herrn einrichten“ (RB Prol. 45).

Die Grundzüge und Strukturen dieses Gott-Suchens sind von Benedikt in seiner Regel vorgegeben. Doch geben die Interpretation des Abtes, die Eigenart und Entwicklung einer Gemeinschaft, der sie prägenden Charaktere und die gewachsene Aufgabenstellung jedem Kloster sein eigenes Profil. Dabei erfolgt dieses Gott-Suchen nie abgeschirmt im gleichsam luftleeren Raum, sondern ist immer auch bestimmt von der geistigen Situation, den Strömungen, prägenden Kräften und Suchbewegungen einer Zeitepoche in Kirche und Welt. Und ein Kloster (und die darin lebenden Mönche), will es sich konkret einwurzeln und Resonanz auslösen, muß um den Boden und die umgebende Luft wissen. So stellte sich die Theologische Sektion der Bayerischen Benediktinerakademie für ihr Symposium 2000 in Andechs den anspruchsvollen Themenrahmen: „Nonnen und Mönche als Gottsuchende unter Suchenden. Chancen einer Neuevangelisierung durch die monastischen Kommunitäten“, zu dem die folgenden Überlegungen ein Beitrag waren.

3. Schon die Formulierung einer Überschrift, die trotz ihres notwendig plakativen Charakters der Situation in den Bundesländern des östlichen Deutschlands gerecht werden möchte, bereitet Schwierigkeiten. Nach der Wende von 1989/90 ging die Feststellung um: „Deutschland ist protestantischer geworden“. Beherrschender jedoch und zutreffender ist die Einschätzung der gesamtgesellschaftlichen Situation: „Deutschland ist unchristlicher geworden“. So kann Bischof Joachim Wanke (Erfurt) für die Kirche des Ostens konstatieren, daß neben der bedeutungsloser gewordenen konfessionellen umfassend die weltanschauliche Diaspora den Lebensraum bildet. Verdeutlicht an einigen Zahlen: Während eine Volkszählung von 1946 in der SBZ fast

82% der Bevölkerung als evangelische Christen ermittelt (gut 12% als Katholiken), sind es 1964 noch 59% (8 %) und betragen die Befragungszahlen unmittelbar nach der Wende (1990) 26% für die evangelischen und 4-5% für die katholischen Christen. Dies bedeutet, daß in Ostdeutschland der statistische Anteil der Nichtchristen in einem halben Jahrhundert von 6% auf etwa 70% angewachsen ist; in den städtischen Ballungsräumen beträgt er bis zu 90%. Dieses weltanschauliche Profil ist auch in einem europäischen, ja weltweiten Vergleich nahezu singulär.

Die Begründungsversuche für diese Entwicklung können historisch verschieden tief ansetzen (von einer reinen DDR-Folgeerscheinung bis bereits hin zur mittelalter-lichen Zwangsmissionierung) und müssen hier nicht verfolgt werden. Wohl aber muß sehr an einem Verständnis der so entstandenen Situation liegen. Eberhard Tiefensee, Professor für Philosophie an der Theologischen Fakultät Erfurt, mahnt zur Vorsicht beim Gebrauch der herkömmlichen Bezeichnung Atheismus. Das ostdeutsche Milieu sei weitgehend a-religiös und die Annahme, der Mensch sei von Natur aus, gleichsam „unheilbar" religiös, werde hier auf eine harte Probe gestellt. Das Bewußtsein, ohne Religion durchs Leben zu kommen, sei für den (statistisch) durchschnittlichen Ostdeutschen eher identitätsstärkend und erweise sich bisher als überraschend resistent gegen alle Missionsbemühungen, d.h. auch bezüglich der zunächst befürchteten Sektenanfälligkeit. Glauben und Kirche stehen nach der Wende zudem unter einem „Entfremdungsverdacht" (J. Wanke), was meint, daß sie dem unverbogenen, realistischen Leben entfremden und das Diesseitsglück bedrohen. Dieser Grundverdacht hat den eher ideologisch geförderten „Projektionverdacht" (Religion verdirbt das Denken) der Vorwendezeit abgelöst. Albert Franz, Professor für Katholische Theologie in Dresden, möchte bei der Kennzeichnung als atheistisch bleiben und spricht von einem „Atheismus der Gottvergessenheit". Und dies sei durchaus ein Überzeugungsatheismus: „Ohne Gott, in Gottvergessenheit zu leben, ist möglich. Es ist ein möglicher Lebensentwurf".

4. Vieles von solchen Ansätzen einer Situationsanalyse ist natürlich in seinem Anwendungsbereich nicht auf den Osten Deutschlands begrenzt, sondern lässt sich bei einer allgemein fortschreitenden Säkularisierung festmachen. Doch ist es wichtig, den Hintergrund zu sehen

für die naheliegende Frage, wie die Auf- und Annahme eines Benediktinerklosters, zumal des ersten in Sachsen seit der Reformation, war und ist, und wie tiefgehend sie ist. Bei aller Vorsicht und Unsicherheit vor dem Unbekannten und Fremden war sie doch verhalten wohlwollend, neugierig wohlwollend, und dies sowohl bei der Bevölkerung lokal und regional als auch in der Vermittlung durch die Presse. Vielfach wurden wir einfach als Teil der Wende, als hinzugehörig zu dem vielen Neuen der Öffnung zum Westen empfunden. Das Fremde und Ungewohnte der Mönche (ein Zauberwort!) konnte auch die allzu schnelle Ablage in die schnellbereite Schubladenvorstellung von „Wessi“ und „Ossi“ verhindern bzw. zumindest abfedern. In den Jahren unseres Hierseins hat sich wohl auch diese äußerliche Einschätzung gewandelt, insofern das Kloster schon gewohnter Bestandteil des gemeindlichen und öffentlichen Lebens geworden ist, zum andern aber auch viel mehr als Teil der Kirche als Gesamtheit bzw. des von den Medien vermittelten allgemeinen Kirchenbildes gesehen wird.

Ein Aspekt der Annahme verdeutlicht sich sicher auch darin, daß das Ansässigwerden eines Klosters für die Menschen hier eine Brücke zur Wiederentdeckung der eigenen Geschichte darstellen konnte. Es war zum Teil spannend, mitzuerleben, wie die Erkenntnis der Verstümmelung sozialistisch-marxistischen Geschichtsverständnisses zum Suchen und Fragen nach den eigenen Wurzeln führte. Dabei war und ist immer wieder das Bewußtmachen hilfreich, daß klösterliches Leben in Wechselburg schon eine fast 400jährige, durchaus wechselvolle Geschichte im Mittelalter hatte, oder daß die nächstgelegene Großstadt, Chemnitz, ihre Entstehung aus dem Umfeld eines Benediktinerklosters herleiten kann. In sicher veräußerlichter Form hat sich dann das Interesse auch im Kontext des Mittelalter-Booms, der hier ab etwa Mitte der 90er Jahre beobachtbar ist, der Mönche angenommen.

Erfreulich war die ökumenische Offenheit, die wir antrafen, und die Erwartung, die uns entgegengebracht wurde. Nach dem schnellen Abklingen der Euphorie über die Rolle der Kirchen im politischen Wendeprozeß erfuhren sich beide Konfessionen in der Minderheitensituation, und damit war schon äußerlich eine Voraussetzung für den unkomplizierten Umgang gegeben, da praktische Ökumene vor allem immer dort schwierig ist, wo sich eine Konfession im religiösen Besitzstand und damit der Notwendigkeit des Miteinanders und Aufeinander-Zugehens enthoben wähnt. Die Neugierde und das Interesse an der klösterlichen Spiritualität und der prägenden Lebensform, ja überhaupt an christlicher Spiritualität wird zuweilen ausdrücklich mit dem Empfinden von entsprechenden Defiziten in der eigenen Kirchengemeinschaft begründet. Die gelegentlich auch hier anzutreffenden kommunitären evangelischen Lebensformen sind dann oft auch nicht genügend bekannt. Hinzu kommt, daß die Teilnahme an der ökumenisch und theologisch unverfänglichen, weil vorreformatorischen Feier des Chorgebets eine weitere Brücke bei der Begegnung bildet. Wir können diese froh machende ökumenische Akzeptanz auch ablesen an der Belegung unseres bisher nur geringen Platzangebotes im Haus der Begegnung, wo die evangelischen Gruppen, seien es Konfirmanden, Junge Gemeinden oder Familienkreise, den größeren Anteil bilden.

Schließlich und vor allem bedeutet die Ansiedlung einer Ordensgemeinschaft in einer Region, einem Bistum immer auch ein Zuwachs innerkirchlicher Lebenskraft und Vielfalt. In den Jahren nach der Wende nahmen eine ganze Reihe unterschiedlicher Orden und Gemeinschaften ihren Dienst in den neuen Bundesländern auf und brachten damit je ihre Weise des Gottsuchens und das Profil ihrer Spiritualität ein. Die meisten von ihnen sehen ihren Einsatz geleitet von der „Option für die Armen“ und leisten ihren Dienst an den verschiedensten Brennpunkten sozialer Not. Bistumsleitungen wie Gläubige nahmen ihr Kommen und ihr Mühen mit Dankbarkeit an und empfinden es als Bereicherung kirchlichen Lebens, wenn auch die verschiedene Mentalität und das unterschiedlich gewachsene kirchliche Selbstbewußtsein zuweilen Kommunikationsschwierigkeiten in den Gemeinden auslösten; doch dürften diese bereits wieder der Vergangenheit angehören.

Neben der Betreuung und Seelsorge an der Wallfahrt zum Hl. Kreuz, die in Wechselburg 1948 ins Leben gerufen wurde und schon in den Jahrzehnten der DDR-Zeit lebendig wuchs, war Vorgabe des Bistums Dresden-Meißen für die neue Benediktinerniederlassung die Übernahme der Pfarrseelsorge vor Ort. Die Basilika ist seit den 50er Jahren Pfarrkirche für ein geographisch relativ großes Gebiet zwischen thüringischer Grenze und nördlichem Muldenlauf, in dem allerdings bei einem Katholikenanteil von ca. 1,5 % der Bevölkerung derzeit nur gut 600 Gemeindemitglieder leben. Im Lauf der Jahre kam noch die feste Seelsorgsmithilfe in der Nachbargemeinde hinzu. Die Kontakte auf dieser seelsorglich institutionellen Ebene, in gleicher Weise jedoch die vielen Begegnungen mit Gemeinden und Verbänden bei Vorträgen, Besinnungstagen, Gesprächskreisen, Aushilfen und auch in Einzelbetreuungen lassen uns die Einbindung in die konkrete Ortskirche von Dresden-Meißen lebendig erfahren. Dies wird natürlich erleichtert durch die überschaubare Größenordnung einer Diasporadiözese. Außerdem können wir die Hochschätzung des Bistums an in vielen Angelegenheiten bereitwillig angebotenem Rat und gewährter Hilfe erkennen.

5. Aus dem soeben Gesagten läßt sich, nun in umgekehrter Reihenfolge, eine dreifache Ausrichtung unseres geistlichen Dienstes festhalten: innerkirchlich, ökumenisch und missionarisch. Dabei die letztere Beziehung zu den reichlich 70% Nicht-Christen mit Mission bzw. missionarisch zu kennzeichnen, kann immer noch nach innen als strategisch wie nach außen als blockierend empfunden werden. So, wenn bei einem ersten Fernsehbericht über unser Kommen 1993 die Menschen auf den Straßen Wechselburgs mit vorgehaltenem Mikrofon gefragt wurden: „Wollen Sie von den Mönchen aus Bayern missioniert werden?“ Gott suchen in einer solchermaßen nicht-religiösen Umgebung mit ihrer mehr als fünfzig Jahre (NS+DDR-Zeit) währenden, durchaus auch leidvollen Systemerfahrung muß geschehen in aller Absichtslosigkeit im Hinblick auf die eigene Institution, also nicht mit der Nebenabsicht der Vereinnahmung, der kirchlichen Mitgliederwerbung. Doch „braucht es die Christen und zwar als ‚Gotterfahrene‘ “ (E. Tiefensee), als lebendige Erinnerungszeichen für eine tiefere, eben transzendente Wirklichkeit, als Menschen, die durch das Selbstverständnis ihres Lebens und die Eindeutigkeit ihres Zeugnisses die Frage nach Gott offen halten. „Alle Initiativen - nenne man sie Mission, Evangelisierung oder Neuevangelisierung - müssen allerdings beachten: dass sie den Abgrund zwischen der kirchlichen Verkündigung und den nichtchristlichen Adressaten nicht unterschätzen“ (E. Tiefensee). Was hier für Glauben und Kirche allgemein angespro-

chen ist, läßt sich für ein Benediktinerkloster, und dies konkret in Wechselburg, noch ein wenig genauer fassen:

- Gott suchen in der Ausdrücklichkeit des Gottesdienstes.
Das benediktinische opus dei in seiner Gewichtigkeit für den alltäglichen religiösen Lebensvollzug kann erkennbares Zeichen für die Verehrung, die Verherrlichung Gottes und gleichzeitig für die Vielfalt und letztliche Unverzwecktheit menschlichen Lebens sein. Gewiß sind der kleinen Gemeinschaft Grenzen in der Gestaltung gesetzt und läßt sich „der reiche Schatz monastischer Liturgie in Gebet und Gesang, in Symbol und Gebärde“ (Satzungen der bayerischen Benediktinerkongregation I,116) nur in nüchterner Bescheidung zugängig machen. Doch entscheidender ist die Vermittlung der Erfahrung, daß hier Menschen in Treue und Verläßlichkeit in dieser selbstgewählt/berufenen und zugleich auch für die Menschen stellvertretenden Aufgabe des Gebetes stehen.

- Gott suchen unter dem Triumpfkreuz von Wechselburg.
Unübersehbar steht dieses bedeutendste Kunstwerk der spätromanischen Plastik hoch über dem Kirchenraum, für die vielen Besucher das erste Begegnungszeichen beim Betreten des Bauwerks. Wir dürfen uns immer wieder als Interpreten und Vermittler dieser bildhaft gewordenen Kreuzesbotschaft verstehen und wissen uns der Aufgabe verpflichtet, wie „nicht zuletzt die künstlerische Aussage des Kirchenraumes dem suchenden Menschen zugänglich gemacht werden kann“ (Satzungen der bayerischen Benediktinerkongregation I,116). Auch über eine solche Pastoral des Kirchenraumes hinaus bedeutet schon das beständige Leben unter diesem beherrschenden Zeichen für eine Gemeinschaft, die sich an diesem Ort verwurzeln möchte, ein eigener Weg des Gottsuchens. Als Ausdruck dafür mag gelten, daß wir allmorgentlich das Chorgebet in der Kirche mit einem Hymnus auf das Hl. Kreuz beginnen.

- Gott suchen als Einladung zur Weggemeinschaft.
In den ersten Jahren unseres Hierseins konnten wir u.a. aus dem Mangel an Übernachtungsmöglichkeit kaum Seminare oder längere Kursveranstaltungen anbieten. So haben wir einer Reihe von Tagesveranstaltungen, den Wechselburger Samstagen, die Überschrift gegeben: „Einen Tag gemeinsam mit den Benediktinern beten, nachdenken,

Wege finden". Diese spiegelt ziemlich genau das hier gemeinte Anliegen wieder. Andererseits wurden die wenigen räumlichen Möglichkeiten fast immer von Gruppen genutzt, die, wenigstens über ein Wochenende, sich dem Rhythmus von Gebet und Arbeit anschließen und diese Lebensweise auch erschließen lassen wollten. Wenn uns nun ab Sommer 2000 ein neu saniertes Haus mit ca. 40 Plätzen vor allem als Jugend- und Familienstätte zur Verfügung steht, dann möchten wir vermehrt und gezielt Menschen zu Besinnung, Bildung und Erholung einladen und ihnen die Möglichkeiten öffnen, „die sich mit einem Kloster und seiner Atmosphäre als Ort der Sammlung, der Begegnung und der Beheimatung ergeben" (Satzungen der bayerischen Benediktinerkongregation I,115). Als Mönche sind wir lebenslang Suchende, Gott Suchende, die ihren Mitmenschen dort begegnen wollen, wo sie, ob als engagierte Christen, Fernstehende oder Nicht-Christen, mit ihrem Suchen nach Sinn und lebenswerter Spiritualität unterwegs sind.

DIE GOTTSUCHE DES MENSCHEN HEUTE, ANGESICHTS DER SITUATION DER KIRCHEN IN UNSERER GESELLSCHAFT

Karl Schlemmer

Treffen sich drei Pfarrer und erörtern das Problem der Fledermäuse in ihren Kirchen. Der erste fing alle ein und schaffte sie an einen fernen Ort. Doch kaum zurück, drehen auch die Viecher schon wieder ihre Runden in der Kirche. Der zweite versuchte es mit Schrot und Korn. Der Erfolg beschränkte sich auf zerschossene Stukkaturen. Der dritte hat's geschafft: er taufte und firmte all - und sie wurden nie mehr gesehen.

Das Vorgehen dieses dritten Pfarrers in der witzigen Geschichte, die ich vor längerer Zeit in der „Schweizerischen Kirchenzeitung" gefunden habe, zeigt uns eine kirchliche Situation auf, die eigentlich zu denken geben muss. Ob Firmung oder Konfirmation, früher einmal Abschluss der Einführung in ein selbstverantwortetes Christenleben, beide sind heute fast durchweg zu einer faktischen Verabschiedung aus dem Raum kirchlicher Gemeinschaft und christlicher Lebensorientierung geworden. Die in bestimmten Gegenden unserer Bundesrepublik noch fast intakten volkskirchlichen Strukturen vermögen nicht mehr länger darüber hinwegzutäuschen, dass sich die Möglichkeiten der Weitergabe des christlichen Glaubens in einer tiefen Krise und wir uns auf einem direkten Weg in eine Gesellschaft ohne Gott befinden. In dieser Gesellschaft gibt es keine homogene Grundlage spiritueller, religiöser und ethischer Überzeugungen, von denen die Bevölkerung geleitet wird. Der Vorrat an gemeinsamen Grundüberzeugungen ist weitgehend erschöpft oder wenigstens verringert. Die Substanz gemeinsamer Werte bröckelt immer mehr ab.

So möchte ich nun versuchen, die kontextuellen Problemfelder und Anfragen mit Hilfe von vier Wegmarken, die z.T. kantig sind, zu analysieren und zu bedenken.

I.

Wer sich in der Geschichte nur ein wenig auskennt, der weiß, dass gerade entschiedene Minderheiten, wie sich auch in unserem politischen und kulturellen Leben beobachten lässt, den Ton angeben können. Von daher sollten Christen weltweit ihre Standpunkte deutlich machen und auf diese Weise die Mehrheitsmeinung entwickeln oder wenigstens beeinflussen. Dies hat übrigens mit einem elitären Christentum überhaupt nichts zu tun, das nur den „harten Kern" gelten lässt. Denn in den ersten Jahrhunderten haben die Christen ihre Heilsgewissheit und Selbstverantwortung dem heidnischen Hedonismus und Fanatismus nur *insgesamt* erfolgreich entgegengestellt. Und dies ist auch uns Christen heute aufgegeben in einer Zeit, die auf ein Neuheidentum zusteuert, das viele Gesichter hat. Man kann hier einerseits von einem aggressiven atheistischen Totalitarismus sprechen, der zwar politisch zusammengebrochen ist, doch in der einen oder anderen Form wieder auferstehen dürfte bzw. auferstanden ist. Neuheidnisch ist des weiteren ein materialistischer Hedonismus und Agnostizismus, der gewissermaßen aber letztlich zeitlos ist. Es sind zwei Seiten derselben Medaille. Diese heißen: Selbstgenuss, Selbstverwirklichung um jeden Preis, also das Streben nach Lust und Gewinnmaximierung des einzelnen, ohne nach Schuld, Verantwortung und Rechenschaft zu fragen. Ethische Werte bleiben dabei auf der Strecke. Und schliesslich ist ein Zeichen von Neuheidentum eine egoistische, privatistische, esoterische Spiritualität, die sich genussvoll um sich selber dreht und den christlichen Gott aus ihrer Gedankenwelt ausklammert. Es geht hier allein um Selbstfindung und Seelenbefindlichkeit, um die Pflege und Abgrenzung des eigenen Seelengärtleins. Der nun 96-jährige Wiener Kardinal Franz König sagte es anfangs Dezember 99 bei seiner Gastvorlesung an unserer Passauer Universität, zu der ich ihn eingeladen hatte, klar und deutlich: „Europa ist der einzige wirklich verweltlichte säkularisierte Kontinent der Erde." Und so sind auch ganze Teile von uns Christen auf diese Weise degeneriert zu „Schönwetterchristen", welche die Kirche als Selbstbedienungsladen zur Bedürfnisbefriedigung betrachten und ihre Dienste bei Taufe, Trauung oder Beerdigung einfordern und konsumieren, man zahlt ja schließlich seine Kirchensteuer. Ansonsten aber solle die Kirche sich gefälligst nicht einmischen. Von daher ist es nicht verwunderlich, wenn man in den Medien und in der Öffentlichkeit eine zunehmende Verunglimpfung christlicher Glaubensinhalte und kirchlicher Erscheinungsformen und eine unglaubliche Häme gegen die Kirchen feststellen muss, wie sie selbst ehemaligen DDR-Christen in früheren sozialistischen Zeiten nicht bekannt war. Würden derartige Übergriffe auf islamische oder jüdische Religionsausübende zielen, so wäre die Folge eine Orgie von ritualisierter Betroffenheit mit trauerumflorten Moderatorenstimmen, Lichterketten, Mahnwachen und Gerichtsverfahren. Da es jedoch nur um die Verhöhnung der christlichen Noch-Bevölkerungsmehrheit geht, genügen der Hinweis und die Berufung auf die Meinungsfreiheit und auf den künstlerischen Freiraum, um jede Gegenwehr im Keim zu ersticken.

Uns Christen müssen diese Vorgänge herausfordern, und wir sollten uns deshalb ganz bewusst einmischen und den Finger auf diese modernen Häresien der Pseudofreiheit, der willkürlichen Meinungsfreiheit, der uneingeschränkten Selbstentfaltung und der falschen Selbstverwirklichung legen. Wir dürfen dabei u.a. nicht die Auseinandersetzung mit gewissen Bestrebungen und Kräften in unserem Land scheuen, die soziale Kälte verbreiten, indem sie ganz von der Ideologie des Wirtschaftsliberalismus und des totalen freien Marktes ohne das Beiwort „sozial“ befangen sind. Ihr Credo heisst: Gewinnmaximierung mit gleichzeitigem Abbau von Arbeitsplätzen; Menschen, Arbeitskräfte werden freigesetzt, so nennt man dies heute. Aus christlicher Sicht muss deshalb der Markt entgöttert werden, er darf aber auch nicht dämonisiert werden. Insgesamt lässt sich sagen, dass die neue Religion im Westen schrankenloser Kapitalismus und Konsumismus heisst, deren Evangelium die Börsen- und Aktienkurse darstellen. Im Osten heisst die Religion schlicht und einfach Gottlosigkeit.

Wir müssen aber noch eine weitere Dimension beachten. Die neuzeitliche Gesellschaft ist eine Gesellschaft geworden, in der sich das gesellschaftliche Gesamtsystem zu autonomen Teilsystemen auseinanderdividiert hat. Die spezifische Konsequenz für das Christentum kann dabei nur darin liegen, dass im Zuge dieser Ausdifferenzierung oder

Aufgliederung aller gesellschaftlich gewichtigen Funktionen wie Politik und Wirtschaft, Recht und Bildung auch der religiöse Bereich zu einem eigenen Bereich unter vielen anderen geworden ist. Wie es politische Institutionen und Parteien, Verwaltungsapparate und Gewerkschaften, Bildungswesen und Sport, Unterhaltung und Touristik gibt, so gibt es u.a. auch noch die Kirchen als jene religiösen Teilbereiche, die sich freilich als die schwächsten erweisen, insofern die anderen gesellschaftlichen Teilbereiche nicht mehr auf die Religion angewiesen sind, es sei denn höchstens zur Bewältigung von menschlichen Problemfällen und Sinnkrisen.

Versucht man den neuzeitlichen Prozess der gesellschaftlichen Aufgliederung und folglich der weitestgehenden Privatisierung der Religion auf eine Kurzformel zu bringen, legt sich am ehesten der Vergleich der Situation der modernen Gesellschaft mit einem riesigen Einkaufszentrum oder Supermarkt nahe, in dem jeder mit seinem Wägelchen herumfährt und sich diejenigen Produkte aussucht, die er gerne möchte oder die er auch braucht. Da das Warenangebot komplett sein soll, hat die Gesellschaft durchaus ein plausibles Interesse daran, dass es in diesem riesigen Einkaufszentrum neben vielen anderen auch eine Abteilung gibt, in der den Menschen religiöse Produkte angeboten werden. Da aber die religiöse Institution nur eine unter vielen anderen ist, kann die Frage allein noch die sein, an welchen religiösen Angeboten die Gesellschaft ein, möglicherweise vitales, Interesse hat. Sieht man genauer zu, sind es vor allem zwei gesellschaftliche Bedürfnisse, die von den christlichen Kirchen abgedeckt werden können und wo man von ihnen Befriedigung erwartet.

Das erste Bedürfnis zeigt sich wie folgt. Die Kirchen sind im Freizeitbereich des Menschen von heute angesiedelt und haben von daher noch immer die Möglichkeit, auf die Lebensführung des Einzelnen Einfluss zu nehmen. Doch ihre Sendung wird weitgehend mit der Funktion der Freizeit überhaupt in der neuzeitlichen Lebenswelt identifiziert und von daher als Kompensationsfunktion gesehen. Die Kirchen teilen insofern das Schicksal der Freizeit in der modernen Gesellschaft überhaupt. Die Freizeit bleibt nun gekettet an ihren Gegensatz, an die Arbeitszeit, und hat somit der Regeneration der Arbeitskraft des Menschen, der Kompensation der physisch und psychisch erschöpfenden Arbeitstätigkeit und der Entlastung von den in der Arbeitszeit erfahrenen Abhängigkeiten und Frustrationen zu dienen. Da die Kirchen im Freizeitbereich des einzelnen Menschen angesiedelt sind, wird von ihnen nun erwartet, dass sie der kompensatorischen Entlastung des Menschen von den gesellschaftlichen Zwängen und Belastungen dienen. Denn die moderne Gesellschaft hat durchaus ein großes Interesse daran, dass der Mensch im religiösen Bereich ein wenig festlichen Glanz auftanken kann, um die lange und oft genug monotone Fahrt durch die Banalität der Arbeitswoche zu überstehen. So lange die Kirchen diese gesellschaftlich erwünschte Funktion der Kompensation, des Ausgleichs erfüllen, können sie der gesellschaftlichen Anerkennung gewiss sein. Sobald sie aber dazu übergehen, aus der Erfahrung des Religiösen Konsequenzen zu ziehen für eine humanisierende, vermenschlichende Gestaltung der Alltagswelt, wird dies in der heutigen Gesellschaft als unerlaubte und unberechtigte Einmischung in andere und viel wichtigere Teilsysteme und Teilbereiche wie Politik und Wirtschaft registriert, und folglich werden die Kirchen in ihre religiös definierten Schranken zurück verwiesen.

Das zweite Bedürfnis, das den Kirchen von der heutigen Gesellschaft aufgegeben ist, besteht in der Bewältigung der Begrenztheit, der Kontingenz des menschlichen Lebens. Dies bedeutet, dass von den Kirchen erwartet wird, dass sie dazu verhelfen, die fundamentalen Begrenztheiten des menschlichen Lebens wie vor allem die Grenzerfahrungen von Schuld und Leiden, von Krankheit und Tod zu erklären, zu bewältigen und die Menschen mit der Zusage eines Lebens im Jenseits zu „vertrösten“. Die moderne Gesellschaft ist auf diese Funktion der Kirchen dringend angewiesen, insofern das Gesellschaftliche nur funktionieren kann, wenn alle Störungen, die aufgrund von menschlichen Lebenserfahrungen auftreten können, religiös bewältigt oder zumindest als prinzipiell bewältigbar erklärt werden. Die Kirchen erhalten somit den Status gleichsam von „geistlichen Notfallstationen“ und von „Sinnapotheken“ (Bischof Kurt Koch), bei denen die Menschen, die unter die unerbittlichen Räder der Gesellschaft gekommen sind, mit Sinnerklärungen und seelsorgerlichen Hilfen versorgt werden sollen (z.B. die Notfallseelsorge bei der ICE-Katastrophe von Eschede, bei Massenkarambolagen auf der Autobahn oder bei Flugzeugabstürzen). Sofern die Kirchen genau diese ihre zugewiesene Funktion erfüllen, dürfen sie sich wiederum der gesellschaftlichen Anerkennung erfreuen. Sobald sie sich jedoch nicht damit zufrieden geben, die Menschen, die unter die gesellschaftlichen Räder geraten sind, zu versorgen, sondern auch dazu übergehen, in die Speichen der gesellschaftlichen Räder selbst zu fahren, ist wiederum der Vorwurf der unerlaubten Überschreitung ihrer Kompetenzen und der Einmischung in Angelegenheiten zur Stelle, die die Kirchen angeblich nichts angehen. Solche Reaktionen können deutlich machen, dass mehr Leistung oder eine bessere Qualität der „Dienstleistungen" von seiten der Kirchen so lange keine grundlegenden Veränderungen herbeiführen, so lange die Gesellschaft die Rede von Gott selbst als unwichtig ansieht.

Trotz der soeben nüchtern aufgezeigten Realitäten, die da und dort durchaus einen pessimistischen Eindruck vermitteln könnten, gibt es in der heutigen Gesellschaft ungeahnt viele positive Aufbrüche und Engagements, die von ausgeprägter Menschlichkeit und Solidarität zeugen. Zu denken ist hier z.B. an das immense Spendenaufkommen bei den verschiedenen Hilfswerken, an den selbstlosen Einsatz vieler bei unerwarteten Katastrophen, an Nachbarschaftshilfe und Pflegeeinsätze. Nicht vergessen werden darf die außerordentlich wertvolle und ehrenamtliche Mitarbeit ungezählter Gemeindemitglieder in ihren Pfarreien, die vor wenigen Jahrzehnten undenkbar gewesen wäre.

Und noch etwas gilt es zu bedenken und einzuordnen: In der ehemaligen DDR hat die SED vieles abzuschaffen versucht: das Privatkapital, den Markt, die Demokratie und die Ungleichheit (obwohl dann manche doch „gleicher waren als die Gleichen"). Das meiste kam wieder, nur eines kam nicht mehr: das Christentum. Das Verschwinden der Religion ist der größte Erfolg der SED. Glanzstück des erfolgreichen sozialistischen Religionsersatzes war die Besetzung bis dato christlich geprägter Lebensformen und Rituale. Somit muss man sich in Ostdeutschland, wo kaum mehr als 20% der Bürger Mitglieder einer der beiden grossen Kirchen sind, auf die Suche nach dem Christentum begeben. Mit der Wiedervereinigung Deutschlands kamen rund 12 Millionen ungetaufte Mitbürger zur Einwohnerschaft der Bundesrepublik hinzu; sie verbringen heute vielfach ihren Urlaub in den alten Bundesländern oder sind beruflich in den Westen gekommen. Aber auch in der alten Bundesrepublik gab und gibt es Millionen Ungetaufter wie auch Mitchristen, die am Rande der Kirchen stehen, die mit Kirche wenig oder gar nichts am Hut haben. In Hamburg z.B.

gehören über 55% der Einwohner keiner christlichen Kirche an, in Berlin sind es zwei Drittel, in den süddeutschen Großstädten sind es rund 20 bis 40%. Das statistische Amt meiner Heimatstadt Nürnberg hat im Februar 2000 die neuesten Zahlen im Hinblick auf die Konfessionszugehörigkeit veröffentlicht: 34% nichtkatholische Christen, 31% katholische Christen, 4% Moslems und 31% konfessionslose Mitbürger. Auch die Schweiz ist von diesem Trend nicht ausgenommen; so leben in der Stadt Basel über 50% Einwohner, die keiner christlichen Kirche angehören, und in den letzten 30 Jahren sind über 18% der Eidgenossen aus den Kirchen ausgetreten.

II.

Erfahrenswerte können allerdings aufzeigen, dass Zigtausende von Ungetauften, Konfessionslosen und Fernstehenden auf der Suche sind, auf der Suche nach Sinn, auf der Suche nach Antworten in ihren existentiellen Fragen. Und meines Erachtens sind die meisten Randchristen, die nur an bestimmten Knotenpunkten ihres Lebens den Dienst der Kirchen in Anspruch nehmen - sei es aus Gewohnheit, sei es auf sozialen oder familiären Druck hin - Vertreter einer eher natürlichen „Religiosität“. Ohne viel mit dem christlichen Glaubensbekenntnis anfangen zu können, ohne es aber auch nicht direkt und dezidiert abzulehnen, möchten sie einfach bei bestimmten Anlässen für sich und besonders für ihre Kinder den Segen Gottes erbitten. Denn „es besteht ein Bedarf an Segen“ (Reinhard Höppner). Und da ist eine große Offenheit gerade bei Nichtgetauften, die Kinder segnen zu lassen. So ist bei einem nicht geringen Teil der ungetauften Zeitgenossen durchaus ein Transzendenzbezug vorhanden. Mag dieser auch sehr diffus sein, so erfahren sie angesichts der fortschreitenden Globalisierung aller Lebensbereiche ihre erschreckende Hilflosigkeit und ihr Ausgeliefertsein, sie spüren immer wieder neu die Ungesichertheit und Ausgesetztheit ihres Lebens (Lawinenunglücke und Hochwasserkatastrophen der letzten Jahre, die Angst vor Arbeitslosigkeit), die Frage nach ihrem Woher und Wohin steht unausweichbar, ja angstmachend vor ihnen. Von daher haben sie das Bedürfnis, sich einer religiösen Stabilisierung zu vergewissern. Dieser Tatbestand muss für uns Christen Motivation und Aufforderung sein, ein befreiendes Gottesbild und ein einladendes menschenfreundliches Christentum zu vermitteln.

Im Sinn von Papst Johannes XXIII. sind für mich diese Zusammenhänge Zeitzeichen, die es zu erkennen gilt. Er sprach ja auf seinem Sterbebett elf Tage vor seinem Tod ungemein eindringlich und auffallend von den „Zeichen der Zeit", die es zu erkennen gelte. Sowohl im ehemaligen sozialistischen Osten wie im säkularisierten Westen sollte es für uns Christen darum gehen, religiös ins Herz der agnostischen und atheistisch-wissenschaftlich geprägten Lebenshaltungen vorzudringen. Dies kann glaubwürdig dadurch erfolgen, indem wir die Lebensentwürfe und Anfragen dieser Menschen aufnehmen, sie ernst nehmen, bedenken, werten und zu beantworten versuchen. Dann sind wir für sie Leuchtzeichen auf der Suche nach ihrem Weg. Und so bald sie ihren Weg gefunden haben sollten, müssten wir ihnen dann Begleiter sein. Es geht also nicht um Missionierung, sondern um eine offensive Inkulturation. Und das heißt: Religion muss in die jeweilige Kultur einwurzeln, ohne dass das irgendwo allein von oben vorgegeben wird. Glaube und Leben müssen sich also in der Kultur treffen, wie es Kardinal Franz König formuliert. Nur so kann das Christentum sozusagen in unsere säkulare Kultur und Gesellschaft hineingesenkt, hineingesät werden. Damit aber betreten wir Neuland, ein kaum bekanntes Terrain.

III.

Die Theologie ist zur Wahrheitssuche verpflichtet, weil Gott die Wahrheit ist und infolgedessen die Theologie, würde sie auf die Wahrheitssuche verzichten, gegenstandslos würde. Mit der alttestamentlichen Weisheitsliteratur ist die Theologie zuerst in der Gestalt der Weisheit zu lernen. In einer neutestamentlichen Ausrichtung hat sie dann aber zu Glaube, Hoffnung und Liebe hinzuführen, sie hat sozusagen Praxis der Liebe zu sein. Von daher darf die Theologie sich niemals nur mit der historischen Interpretation von Glaubenstexten begnügen, sondern hat nach deren Wahrheit im und für das Leben heute zu fragen. Letztlich geht es um ihr „Sein der Wahrheit" und nicht um ihr „historisches design". Analog gilt dies in besonderer Weise für das Fach „Liturgiewissenschaft" an einer staatlichen Universität. Denn die Universitätstheologie ist in unserer Zeit in besonderer Weise herausgefordert, dem Suchen den Mut zur Wahrheit zurück zu geben.

Dabei kann uns Romano Guardini einen Weg in unser bedrängendes pastoralliturgisches Neuland weisen. Bei der Vorbereitung eines Vortrags für ein Symposion an unserer Fakultät stieß ich wieder auf seinen berühmt gewordenen Brief an den inzwischen verstorbenen früheren Leiter des Liturgischen Institutes in Trier, Johannes Wagner, anlässlich des 3. Liturgischen Kongresses im Dom zu Mainz (im April 1964). Dieser Kongress - ich war damals als junger Kaplan selbst dabei - sollte die kirchenamtliche Rezeption der „Liturgischen Bewegung“ durch das Konzil feiern und als Initialzündung für die Umsetzung der Liturgiereform dienen. Und genau in diese euphorisch gestimmte Kongressatmosphäre hinein spricht Guardini ein Grundproblem an, das seinerzeit in der Freude und Begeisterung über den Durchbruch, den die Liturgiekonstitution des Vatikanum II ermöglicht hatte, überhaupt nicht verstanden wurde. Er stellte nämlich die nüchterne und von Realitätssinn zeugende Frage, „ob man mit der Reform überhaupt das erreichen kann, was man anzielt, ob man nicht vielmehr, statt von Erneuerung zu reden, lieber überlegen soll, in welcher Weise die liturgischen Geschehnisse zu feiern seien, damit der heutige Mensch mit seiner Wahrheit in ihnen stehen kann, dass er in seiner Suche nach Wahrheit Antwort finden kann.“ Für Guardini gibt es keine „Abgestandenen“, keine grundsätzlich sich vom Kult verabschiedende Menschen. Deshalb bohrte er weiter und stellte die Anfrage, wie man - wenn Liturgie wesentlich ist - diesen Leuten nahe kommen kann. Guardini ging es weniger darum, ob der heutige Mensch liturgiefähig sei, sondern darum, ob die heutige Liturgie menschenfähig ist. Dieses Problem ist für mich schon seit Jahren das bedrängendste. Als Liturgiewissenschaftler weiß ich um den Wert der traditionellen Liturgie und ihrer historischen Zusammenhänge, auf der anderen Seite ist mir aber in den letzten Jahren allzu klar geworden, dass der konventionelle Ansatz der liturgischen Aus- und Fortbildung heute deutlich an seine Grenzen stößt. Denn dieser besagt, dass die Menschen möglichst schnell an den im Kern unveränderlichen Gottesdienst herangeführt werden sollen. Man tut sich nämlich bis in die Gegenwart in unserer Kirche und in unserer Wissenschaft ungemein schwer mit der Erkenntnis, dass es in unserer Zeit weniger darum geht, die Menschen im konventionellen Sinn „liturgiefähig“ zu machen und ihnen die

Gottesdienste und Sakramente einfach überzustülpen, sondern umgekehrt beim „Menschen mit seiner Wahrheit“ anzusetzen. Dann wird man in Zukunft nicht umhin können, neben dem standardisierten „Rundumgottesdienst“ (= Gemeindegottesdienst) alternative und differenzierte Feierformen und Liturgien zu entwickeln und anzubieten, die zum einen die geltenden Ordnungen beachten, andererseits sie auch wagemutig überschreiten. Denn, um es ein wenig salopp zu sagen, nicht der Mensch ist für die Liturgie, sondern die Liturgie ist für den Menschen da.

IV.

Die Zeichen für das Ende der christentümlichen Gesellschaft sind überdeutlich. Wir können doch in dieser völlig und ganz und gar anders gewordenen Landschaft, in dieser Erlebnis- und Spaßgesellschaft, wo man nur noch von Event zu Event hüpft, rutscht oder jettet, nicht einfach so weitermachen wie früher, als wäre nichts geschehen, als hätte sich nichts verändert. „Die Lage ist so, dass es so nicht mehr weitergeht“, bemerkte Wolfgang Schäuble wenige Tage vor seinem Rücktritt als CDU-Vorsitzender. Und Willi Stoph hat in jenen historischen letzten Tagen der DDR zu Erich Honecker gesagt: „Erich, es geht nicht mehr.“ Bei uns aber geht es, landauf, landab „versorgen“ wir weiterhin alles, was irgendwie standesamtlich zur Kirche gehört, automatisch und mechanisch mit Sakramenten und erkennen dabei gar nicht den „heutigen Menschen mit seiner Wahrheit“. Was jedoch ist diese Wahrheit?

Wahrheit zeigt dann z.B. auf, dass es durchaus eine nicht zu unterschätzende Anzahl von traditionalistischen Mitchristen gibt, denen nichts über die tridentinische Messe geht - solche Wünsche sind ernst zu nehmen. Wahrheit macht aber auch kund, dass wir heutzutage in unseren Gemeinden noch eine relativ stabile Zahl von hochmotivierten praktizierenden Gläubigen haben, die sich auf verschiedenen Ebenen engagieren und denen eine lebendig und glaubwürdig gestaltete Gemeindeliturgie zum Ort von Gotteserfahrung und Glaubensfreude wird. Wahrheit ist des weiteren, dass es eine ganze Reihe von Gemeindemitgliedern gibt, die ihre Kirchenzugehörigkeit nur an den Hochfesten und an Knotenpunkten ihres Lebens aktivieren. Auch die

Wahrheit dieser Mitchristen muss seriös ernstgenommen und eingeordnet werden.

Eine bedrängende Wahrheit unserer Zeit besteht allerdings in der Tatsache, dass die Anzahl der Randchristen, der Fernstehenden, der Konfessionslosen, der Ungetauften in unserer säkularisierten Gesellschaft erschreckend hoch anzusetzen ist. Dies jedoch ist für mich kein Grund, pessimistisch und defaitistisch in die Zukunft zu blicken. Vielmehr birgt dieser zunächst bedrückende Tatbestand ungeahnte Perspektiven und Chancen in sich. Allerdings sind hier alternative Seelsorge- und Feierformen gefordert, es braucht „eine Art Vorfeldseelsorge durch niedrigschwellige Angebote“ (Bischof Joachim Wanke), es sind vor allem mutige Schritte in ein pastorales Neuland und außerordentliche Wege der Glaubensverkündigung vonnöten, wie es z.B. von Paulus berichtet wird, der täglich in Athen auf dem Markt mit denen sprach, die er gerade antraf (vgl. Apg 17,17). Doch die verantwortlichen kirchlichen Institutionen und schwerfälligen Seelsorgeämter haben dafür - Ausnahmen bestätigen die Regel - noch kaum Sensibilität und Aufgeschlossenheit an den Tag gelegt. Hier herrschen weitgehend Hilflosigkeit und Sprachlosigkeit vor, vieles wird offenbar verdrängt, und man beschränkt sich auf Mängelverwaltung und Krisenmanagements, um das Überleben der „Volkskirche, durch deren Dach es bereits kräftig hereinregnet“ (Bischof Franz Xaver Eder), abzusichern. Allem Anschein nach gilt hier das Motto:

„Wer nur den lieben Gott verwaltet,
sich redlich mühet alle Zeit,
der ist rasch wunderbar veraltet,
erfüllt von Frust und Traurigkeit.“

Es geht also nicht darum, den Untergang zu verwalten, sondern den Übergang zu gestalten. Mutige Schritte, Visionen und Neuanfänge sind vorab in unserer pfarrlichen Pastoral nötig, um endlich die dortigen „Menschen mit ihrer Wahrheit“, also so wie sie sind, ernst zu nehmen. Denn die meisten unserer sog. Gemeindemitglieder sind im Grund getaufte Katechumenen, ja befinden sich eigentlich sogar in einem präkatechumenalen Zustand. Von daher brauchen von ihnen diejenigen, welche willens und aufgeschlossen sind, eine behutsame und sehr allmähliche Hinführung zu den fundamentalen Dingen des

Glaubens und zu den Mysterien, insofern ihr Docht noch glimmt und ihr Rohr nur angeknickt ist (vgl. Jes 42,3; Mt 12,20). Dies bedeutet für diesen Personenkreis einen Katechumenat nach altkirchlicher und theologisch wohldurchdachter Praxis und nicht eine „Abspeisung“ mit „unverdaulichen“ Sakramenten. Denn diese, insbesondere die Taufe und Eucharistie, sind der Kirche nicht dazu anvertraut, dass sie mit ihnen, sozusagen für die Statistik, eine volle Zugehörigkeit von Menschen vortäuscht, die der Sakramente kaum fähig sein dürften. Wer nämlich die Sakramentenspendung als „Mittel zum Zweck“ missbraucht und Heilsveranstaltungen einfach überstülpt, benutzt Noch-Unverdauliches als Lockmittel zum Essen, riskiert antikirchliche Aggressivität und betrügt letztlich diese „Menschen mit ihrer Wahrheit“.

In unserer Zeit, so scheint mir, braucht es in besonderer Weise Mut zur religiösen Veranschaulichung und Einsicht. Denn hier entscheidet sich heute wie damals vor 2000 Jahren die Menschwerdung des Menschen: und zwar an der Menschwerdung Gottes. Denn das Menschliche ist die Gottesahnung. Und diese Gottesahnung ist und bleibt das, was der Mensch zu seiner Menschwerdung braucht. Von dieser Gottes-ahnung werden nun ungezählte kirchenferne und ungetaufte Menschen unserer Tage, die mit christlichen Inhalten ansonsten nichts anfangen können, umgetrieben. Genau diese Mitmenschen mit dieser ihrer Wahrheit sind uns Christen vordringlich aufgegeben. Mit ihnen muss Kirche immer wieder nicht nur das Gespräch suchen, sondern vor allem eine festliche Nähe. Erfolgen kann dies mit Hilfe von präkatechumenalen Feierformen (ich bezeichne sie bewusst nicht als Gottesdienst oder Liturgie), die von ansprechenden und ausdrucksstarken Symbolen, von Segenszeichen und spontanen Riten, wie es z.B. bei den Kerzengebeten der DDR-Bürgerrechtsbewegung geschah, von Gesängen, Texten und Tanz geprägt sind, so dass die Menschen sie als die ihrem Suchen und Tasten wie auch ihrer seelischen Situation und Verfasstheit gemäßere Form erkennen und bejahen. Des weiteren ist an sog. Passage-Riten bei einschneidenden Übergängen und Brüchen des Lebenslaufs, an Kunstmeditationen oder kirchenmusikalische Feierstunden zu denken. Wir müssen also den Mut aufbringen zu einer „Rehabilitierung des religiösen Augenblicks“ gerade bei Menschen, die sich vorerst kirchlich nicht binden wollen. Es ist an der Zeit, gerade in städtischen Agglomerationen sowie in Kur- und Touristenzentren solche Feierformen immer wieder anzubieten, und zwar über die Konfessionsgrenzen hinweg in gemeinsamer ökumenischer Verantwortung und Trägerschaft. Denn solche menschennahen Feiern sind in der Lage, besagte Mitmenschen mit ihrer Wahrheit und Gottesahnung ernst zu nehmen und dort abzuholen, wo sie stehen. Zudem vermögen sie, religiöse Fragen und Wünsche zu wecken und langsam, Schritt für Schritt all die, die berufen sind, zu den christlichen Kirchen und zu ihren Gottesdiensten, und damit dann auch später zur sakramentalen Liturgie und zur Hochform der eucharistischen Feier, des Abendmahls zu führen.

Es ist meine Überzeugung, dass Christentum und Kirchen als „Kontrast-Gesellschaft Christi“ inmitten unserer säkularisierten Spaß- und Erlebnisgesellschaft ihren Kairos, ihre große Stunde haben. Doch dann muss man auch mit dem anvertrauten Gut der leibhaftigen Christuswirklichkeit ehrlich und den jeweiligen Menschen mit ihrer Wahrheit gerecht werdend umgehen und es nicht nach Art einer Pommes-frites-Bude den Passanten zur Verfügung stellen. Edith Stein gibt einmal zu beachten: „Es ist mir immer sehr fern gelegen zu denken, dass Gottes Barmherzigkeit sich an die Grenzen der sichtbaren Kirche bindet. Gott ist die Wahrheit. Wer die Wahrheit sucht, der sucht Gott, ob es ihm klar ist oder nicht“ (Edith Stein, Werke. Band IX. Freiburg 1959, 102). Eine Konsequenz dieser Aussage wird ohne Zweifel sein, dass Pastoral, Liturgie und Feierformen in Zukunft unkonventionell und sehr differenziert sowie weniger amts- und klerikerzentriert sein müssen. Eine weitere Konsequenz dessen, was Edith Stein zu bedenken gibt, besingen wir in der 2. Strophe des Liedes 644 im Gotteslob (= Sonne der Gerechtigkeit): *„Weck die tote Christenheit aus dem Schlaf der Sicherheit, dass sie deine Stimme hört, sich zu deinem Wort bekehrt.“*
Patentrezepte und Patentlösungen wird es dazu vorerst, wenn überhaupt, nicht geben. Gefragt sind das Einbringen von Charismen und der Mut für Innovation und Kreativität sowie das Vertrauen und Sich-Offenhalten für die Überraschungen des Heiligen Geistes.

Quellen - und Literaturhinweise:

Angelika Barbe, Das geistige Erbe des totalitären Sozialismus, in: Die öffentliche Dimension der Religion. Ettersburger Gespräche 1996. Hrsg. vom Thüringer Ministerium für Bundesangelegenheiten in der Staatskanzlei Erfurt 1997, 85-88.

Hans Bauernfeind, Inkulturation der Liturgie in unsere Gesellschaft. Eine Kriteriensuche - aufgezeigt an den Zeitzeichen Kirche heute, Esoterik/New Age und modernes Menschsein (Studien zur Theologie und Praxis der Seelsorge Bd. 34). Würzburg 1998.

Hans Bauernfeind, Neue Seelsorgeansätze der Kirche in postmoderner Zeit, in: Anzeiger für die Seelsorge (108). Herder, Freiburg/Br. Nr. 2/1999, 62-73.

Michael N. Ebertz, Erosion der Gnadenanstalt? Zum Wandel der Sozialanstalt von Kirche. Frankfurt/M. 1998.

Michael N. Ebertz, Kirche im Gegenwind. Zum Umbruch der religiösen Landschaft. Freiburg-Basel-Wien 1997.

Dieter Emeis, Zwischen Ausverkauf und Rigorismus. Zur Krise der Sakramentenpastoral. Freiburg-Basel-Wien 1991.

Erich Garhammer u.a. (Hrsg.), ... und führe uns in Versöhnung. Zur Theologie und Praxis einer christlichen Grunddimension. München 1990.

Reinhard Hauke, Feier der Lebenswende - Eine christliche Hilfe zur Sinnfindung für Ungetaufte, in: Anselm Bilgri/Bernhard Kirchgessner (Hrsg.), Liturgia semper reformanda (FS Schlemmer). Freiburg-Basel-Wien 1997, 86-103.

Bruno Kleinheyer, Sakramentliche Feiern I. Gottesdienst der Kirche - Handbuch der Liturgiewissenschaft (7,1). Regensburg 1989.

Kurt Koch, Erfahrungen der Zärtlichkeit Gottes. Mit den Sakramenten leben. Zürich 1990.

Kurt Koch, Kirche im Dialog. Zwischen Realität und Vision. Graz-Esztergom-Paris-New York 1995.

Kurt Koch, Leben erspüren - Glauben feiern. Sakramente und Liturgie in unserer Zeit. Freiburg-Basel-Wien 1999.

Christine Lieberknecht, Wertebildung und gesellschaftlicher Zusammenhalt - Veränderte Bedingungen für den Beitrag des Christentums, in: Die öffentliche Dimension der Religion. Ettersburger Gespräche 1996. Hrsg. vom Thüringer Ministerium für Bundesangelegenheiten in der Staatskanzlei Erfurt 1997, 7-10.

Reinhard Meßner/Reiner Kaczinsky, Sakramentliche Feiern II. Gottesdienst der Kirche - Handbuch der Liturgiewissenschaft (7,2). Regensburg 1992.

Johannes Röser, Gottloses Gebet? - Rituale für Glaubende und Nichtglaubende, in: Christ in der Gegenwart (50). Freiburg/Br. Nr. 43/1998, 363f.

Karl Schlemmer, Auf der Suche nach dem Menschen von heute. Vorüberlegungen für alternative Seelsorge und Feierformen (Andechser Reihe Bd. 3). St. Ottilien 1999.

Karl Schlemmer, Krise der Beichte - Krise des Menschen? Ökumenische Beiträge zur Feier der Versöhnung (Studien zur Theologie und Praxis der Seelsorge Bd. 36). Würzburg 1998.

Karl Schlemmer, Sakramentenzugang zwischen Ausverkauf und Rigorismus. Sakramentenpastoral in einer sich wandelnden Kirche, in: Peter Fonk/Helmuth Pree (Hrsg.), Theologie und Seelsorge in einer zukunftsfähigen Kirche. Passau 2000, 70-81.

Gerhard Schmidtchen, Der Staat als Exorzist? - Sechs Thesen über Kirche und Staat als Vermittler von Lebenssinn und geistiger Orientierung, in: Die öffentliche Dimension der Religion. Ettersburger Gespräche 1996. Hrsg. vom Thüringer Ministerium für Bundesangelegenheiten in der Staatskanzlei Erfurt 1997, 48-50.

Bernhard Tiefensee, Gesellschaft ohne Religion. Das Erbe von 40 Jahren DDR, in: Eckhard Jaschinski (Hrsg.), Das Evangelium und die anderen Botschaften. Nettetal 1997, 55-86.

Joachim Wanke, Den Glauben feiern: Die Antwort der Kirchen auf ungebundene Religiosität und schwindendes religiöses Wahrnehmungsvermögen, in: Die öffentliche Dimension der Religion. Ettersburger Gespräche 1996. Hrsg. vom Thüringer Ministerium für Bundesangelegenheiten in der Staatskanzlei Erfurt 1997, 19-21.

Joachim Wanke (Hrsg.), Wiedervereinigte Seelsorge. Die Herausforderung der katholischen Kirche in Deutschland. Leipzig 2000.

Sind wir "professionellen" Gottsucher wirklich Suchende?

Abklärung im Dialog mit Zeitgenossen

Corona Bamberg

1. Die Anfrage meines Kurzreferates ist nicht erst von heute. Für monastisch lebende Frauen, also Nonnen, mag sie immerhin jüngeren Datums sein als für Mönche. Vermutlich gibt es auch heute noch - oder wieder? - Klöster, für die unsere Titelfrage kein Thema ist. Da sieht man sich dann fraglos auf dem rechten Weg und versteht darunter *seine* Deutung bzw. Praktizierung der Regel Benedikts und sogar des Evangeliums. Aber anderswo ist - mehr oder weniger - etwas aufgewacht, was man "Selbstkritik" nennen kann und zwar nicht nur im negativen Sinn. Vorbedingung dafür ist, äußerlich gesehen, die flexiblere Handhabung der Klausur auch für Frauen im Gefolge des II.Vatikanums. Größere Freiheit braucht aber Kriterien der Unterscheidung, sonst kann sie nicht verantwortlich wahrgenommen werden. Solche Kriterien findet man nicht ohne tiefere Besinnung auf das Evangelium und die daraus sich ergebende Sendung bzw. Berufung auch und gerade für monastisch Lebende, Männer wie Frauen. Was damit an Spannungen und nicht selten auch an Zerreißproben verbunden war und ist, brauche ich hier nur am Rand zu vermerken. Vielleicht nur dies: Auch klausurierte Frauen konnten und können die evangeliumsgemäße Sendung nicht mehr erfüllen ausschließlich durch Gebet, Korrespondenz und Sprechzimmerapostolat, wohl auch nicht mehr nur durch seelsorglich-menschliche Begegnungen mit Gruppen vor Ort, so sehr das die Regel bleiben mag. Denn heutige Menschen kommen zwar - mit zunehmender Tendenz - zu unseren Klöstern, aber noch mehr Suchende finden nicht mehr den Weg zu "heiligen Stätten" oder was man dafür hält. Es scheint angesagt, in Ergänzung zu bisherigen Formen auch den Dialog dort zu riskieren - sei es in Ausnahmefällen -, wo diese fragenden und suchenden Menschen leben. Man

kann ihren Einladungen zu Vorträgen und Kursen folgen, ohne dass die Kommunität vor Ort in Gefahr kommt, zu "zerstäuben". Im Gegenteil wird sie an Reife zulegen, wenn sie in angemessener Weise teilnimmt und auch teilbekommt an der Weitergabe ihres geistlichen Reichtums über den Klosterbereich hinaus.
Entscheidend wird nach wie vor sein, ob ein Kloster überhaupt Fragen nach seiner Berufung heute und nach seiner Lebensweise zulässt und, wenn ja, wie es das tut.

2. Nach RB 58 ist die aufrichtige Gottsuche das Herzstück einer Berufung zum benediktinischen Leben. Mit der eben angedeuteten Grenz-Überschreitung wurde und wird man aber damit konfrontiert, dass es solche Gottsuche nicht nur und schon gar nicht automatisch im Kloster gibt. Man begegnet sogenannten Laien, vielleicht auch laisierten Ordensleuten oder Priestern, man kommt ins Gespräch mit Menschen, die mit Kirche und mit dem Gott, den wir als Benediktiner suchen, nichts "am Hut haben", oft, weil sie ihm in der Tiefe nie begegnet sind, oft auch, weil sie - zu Recht oder zu Unrecht - enttäuscht weggegangen sind von einem Gespräch, einem Gottesdienst, einem Besinnungstag udgl. Und nicht selten ist man beschämt vom Ernst ihrer Fragen, von der inneren Unruhe und von der Sehnsucht, mit der sie kommen, auch wenn sie nur sehr mühsam und verfremdet über religiöse Dinge sprechen können. Oft merkt man es lediglich an der praktischen Konsequenz ihres Lebens: Aushalten in einer verkorksten Ehe, Sichkümmern um alte und vereinsamte Menschen, die sonst niemanden haben, Einsatz, ehrenamtlich und/oder in der Entwicklungshilfe, als Arzt oder Pfleger/in in viel Andrang und wenig Anerkennung usw. Ich kann solche Erfahrungen nur andeuten, es gibt sie aber, und jeder/jede von Ihnen, die mit Menschen ausserhalb des Klosters zu tun hat, könnte hier sicher vieles zur Veranschaulichung beitragen. Beizutragen wüßte man dann wohl auch, wie oft man beschämt und zugleich ermutigt von solchen Exkursionen zurückkehrt zum eigenen Weg und Alltag.

3. Was will ich also mit meiner Anfrage? Ganz gewiss nicht Miesmacherei betreiben. Wenn man lange genug im Kloster lebt, lernt man normalerweise unterscheiden. Man kennt sich gegenseitig, von vorn und von hinten, bei Tag und bei Nacht - wenigstens meint man das! Man bekommt eine Ahnung von der oft sehr verborgenen Treue und

Selbstverständlichkeit, mit der nicht wenige in der Kommunität ihren Dienst tun und einfach da sind für alle, die sie brauchen - ihre konkrete und kostbare Form der Gottsuche. Allerdings merkt man auch, wie andere sich mühsam durch die Gegend schleifen, ohne Lust und Liebe, ohne Perspektiven, es muss halt sein - das teilt sich mit wie ein Narkotikum oder eine kollektive Depression. Und natürlich gibt es auch solche, die wie der Pharisäer im Zöllnergleichnis sich selber und ihre "Abgabereligion" (Gesetzesfrömmigkeit) kultivieren und zelebrieren. Da sieht es mindestens so aus, als käme Gott zu kurz. Da passieren dann die kleinen und weniger kleinen Schäbigkeiten, die Hahnen - oder Hennenkämpfe, die Intrigen und immer wieder das Kräftemessen, offen oder heimlich, bei dem die Schwächeren auf der Strekke bleiben, wie überall in der Welt. Das alles, und sogar das leise oder weniger leise "Murren", gegen das Benedikt vehement angeht (und er weiss, warum!), ist im Grund normal. Es lässt sich gar nicht vermeiden, wo Menschen zusammenleben. Aber verständlich ist es schon, dass der eine oder die andere von uns bei einer entsprechenden Begegnung mit Aussenstehenden auf den Gedanken kommt: Sind diese oft so geschundenen Menschen, mit denen ich es da zu tun habe, etwa weniger Suchende als wir professionelle Gottsucher? Was haben wir ihnen voraus, wenn überhaupt? Und was sie uns?

4. Die Rede ist in diesem Symposium von Neuevangelisierung durch uns Klosterleute und durch unsere Klöster. Mein Impuls setzt umgekehrt an: Da der Geist weht, wo er will, könnte es sein, dass wir mindestens wach werden müssten für Seine Stimme vonseiten derer, die nicht unsere frommen Übungen einhalten, die sehr andere moralische Maßstäbe beachten, die wenig mit Kirche und Gottesdienst im Sinn haben, die vielleicht gelegentlich kräftig daneben hauen, die aber selbstverständlich da sind, wenn man sie braucht, die wenigstens ansatzweise anständig sind und hellhörig, wo etwas Glaubhaftes gesagt, gefragt, getan wird. Hier könnte man lange weiterreden. Ich möchte aber, um meinem Anliegen näherzukommen, Beispiele nennen und abschließend dann vielleicht etwas Bilanz ziehen.
Zuvor allerdings noch ein Wort von Émile Durkheim, dem Gründervater der Soziologie: "Man stelle sich eine Gesellschaft von Heiligen, ein vollkommenes und musterhaftes Kloster vor. Verbrechen im heutigen Sinn des Wortes werden dort unbekannt sein, dagegen werden

Vergehen, die dem Durchschnittsmenschen verzeihlich erscheinen, dort dasselbe Ärgernis erregen wie gemeine Verbrechen.
Wenn der ideale Mensch zur Normalität geworden ist, wird das, was heute als normal gilt, als Verbrechen oder Gewalt definiert und geächtet werden. Jede Verbesserung zieht das Üble nach sich...". Dies vor Augen nun einige Beispiele für Suchende ausserhalb benediktinischer Gottsuche.

Da denke ich zuerst an ca. 20 Studierende aus Halle, Fachbereich Erziehungswissenschaft. Ihr Professor, der selbst nicht gerade "kirchlich" ist, hat eingeladen zu einer Seminarwoche im Kloster Herstelle. Neugier oder auch sonst noch was hat 17 Studierende aus Halle und 3 aus Berlin dazu veranlasst, zu uns mitzukommen. Ich wurde gebeten, das Seminar zu begleiten und dabei ein Referat zu halten. Das Gesamtthema: "Was ist Wissenschaft?"
Der Professor bereitete mich vor: Das seien alles junge Leute, in deren Leben Gott nicht vorgekommen sei. Also Atheisten, nicht militant, aber faktisch - sie wüssten nichts. Ich ließ mich auf das Abenteuer ein. Um es kurz zu machen: Es wurde zu einer sehr intensiven Begegnung. Mit den Schwestern hier, so weit sie zu sehen sind; mit der Atmosphäre des Klosters und seiner Gottesdienste - immerhin 50% kamen, nicht regelmäßig, aber häufig -; und auch mit mir. Mein Referat, ursprünglich "Glaube und Wissenschaft" genannt, habe ich umbenannt in das konkretere "Glauben und Wissen". Während der vielen Seminarsitzungen, die übrigens äußerst intensiv und diszipliniert verliefen, wurde mir von Tag zu Tag klarer, dass ich das ursprünglich Notierte so nicht anbieten konnte. Ich habe das Referat viermal umgearbeitet, inhaltlich und vor allem sprachlich. Schließlich blieben lauter Fragen, aber die kamen an. Selten habe ich ein so waches und sensibles Publikum erlebt. Auf 40 Minuten Referat folgten gut 90 Minuten Aussprache - höflich, gescheit, bewegt und im guten Sinn erregt. Wie sich die Leute zum Abschluss bedankt haben - mit Zeichen und in Worten -, das werde ich nicht vergessen. Da ist jedenfalls etwas "gelandet". Aber noch wichtiger war mir die Erfahrung des völlig Unbeackerten, Offenen, und ich wünschte mir, meinen Mitschwestern hie und da etwas davon weitergeben zu können. Es gibt ja auch ein Frommsein, das für Gott verschließt.

Ein anderes Beispiel: Eine Tagung über christliche Mystik in Greifswald. Der Kreis hätte nicht bunter sein können. Kaum einer, der von Haus aus kirchlich oder gar katholisch war - ausser meiner Mitreferentin. Aber riesiges Interesse am Thema. Unvergesslich ist mir die Vorstellungsrunde, in der jeder und jede sich möglichst mit einer biblischen Gestalt identifizieren sollte. Ein eben "Bekehrter", Studierender an der Sorbonne, der sich in Paulus erkannte. Ein Physiker, der die Bibel nicht gelesen hatte, der aber einfach sagte: "Ich bin es leid, nur meinen Verstand zu strapazieren und keinen Sinn in meinem Leben zu finden". Ein amerikanischer Psychotherapeut, der von seiner irischen Mutter die Sündenangst vererbt bekommen hatte und sich mit Daniel in der Löwengrube identifizierte - "und ich hoffe, dass die Löwen mich nicht auffressen". Ein Student aus Rostock, von Geburt Ungar und katholisch, inzwischen an der evangelisch-theologischen Fakultät, der sich in der armen Witwe wiedererkannte, in ihrem Zehrpfennig, dem Letzten, was sie besaß. So ging es weiter, so ganz anders als in einem Benediktinerinnenkloster und doch so vertraut. Die ganze Tagung über waren wir miteinander auf der Suche, und ich weiss wirklich nicht, wer wem mehr mitgegeben hat.

Ein letztes Beispiel - ich biete nur eine Auswahl -: Eine Ärztin, die ich seit Jahren begleite. Sie ist von Haus aus katholisch, konventionell katholisch, mit einem gebrochenen Verhältnis zur zweiten Mutter - der Vater ist relativ früh gestorben. Im Studium kam sie an den Alkohol, sie wurde süchtig - oder war sie es schon von Geburt an? Entziehungsklinik, eisernes Durchhalten, gute berufliche Position, aber Unfähigkeit zu normaler Beziehung, Vereinsamung, Ausgleich durch drei oder vier Katzen, dazu sehr viel Wohltätigkeit. Austritt aus der Kirche und später wieder Eintritt, ohne rechte innere Zugehörigkeit, periodische Fluchtzeiten in unsere Gastzimmer mit langen Sprechstunden, quälende Suche nach einem persönlichen Glaubensverhältnis zu Christus und tastende Anlehnung an die Begleiterin, die oft nur durch Distanzierung helfen kann. Ein Mensch - es wären viele zu erwähnen -, der nicht zur Ruhe kommt mit seiner Sehnsucht, und man weiss oft nicht, was Sehnsucht und was Sucht ist, nicht nach Alkohol, aber nach anderem - Menschen, Gefährten, Sinnstifter, Beheimatung in einer Gemeinschaft ohne beengende Bindung -. Warum kommt diese Frau immer wieder, warum kommt sie nicht los von Herstelle, obwohl sie genau sieht, was da alles nicht ideal ist?

Noch einmal: In dieser Weise gibt es viele, Suchende, Süchtige, Fragende, die durch ihre Beharrlichkeit unsereins in Frage stellen. Sie haben Erwartungen an uns, die oft genug überhöht sein mögen, die aber gerade so uns herausfordern aus zu viel Routine und Selbstverständlichkeit, aus Kleinbürgerlichkeit und braver Buchstabentreue, aber auch aus Introvertiertheit und Nabelschau, bei der die normalen Maßstäbe und Perspektiven bis in die Sprechweise hinein verzerrt werden und sogar verloren gehen. Was suchen sie und was suchen wir? Wenn es Gott ist - welcher Gott? Wissen *wi*r das so genau? Ist es nicht sehr leicht ein festgemachter, ja ein verniedlichter oder domestizierter Gott, mit dem wir umgehen, den wir im Mund führen, den die anderen übernehmen sollen? Ist es nicht zumindest ein Gott, der uns zu Diensten sein muss, wenn wir nicht weiter wissen? Ist es ein Gott, den wir uns selber zurechtgemacht haben?

5. Solange wir im Gefängnis des eigenen Ich stecken - und "ich" kann auch eine Kommunität sein -, solange stehen wir Seite an Seite mit den sogenannten Atheisten. Und praktische Atheisten gibt es zweifellos auch in einem Kloster. Nur wo einer ernst macht mit dem unermesslichen Abgrund, mit dem unergründlichen Geheimnis, das die grossen Beter "Gott" nennen oder auch nicht mehr nennen, sondern schweigend anbeten, nur dort kann die Rede sein von wirklicher Gottsuche, ob innerhalb oder ausserhalb eines Klosters. Es gibt nur *ein* untrügliches Echtheitskriterium. Das heisst Liebe. Nicht selten kann uns ein Randgänger, ein Aussenseiter unübersehbar deutlich machen, was das ist. Jedenfalls kann unsereinem im Dialog mit solchen Menschen (und oft sind es gar nicht spektakuläre Gespräche und Begegnungen) klarer werden, wie echt die eigene Gottsuche ist. Natürlich gibt es auch den klärenden und hilfreichen innerklösterlichen Dialog, das soll mit allem Gesagten in keiner Weise geleugnet sein. Aber aus mancherlei Gründen, über die wir uns ja anschließend unterhalten könnten, ist es geradezu notwendig, auch über die "Mauern" zu kontaktieren. Worauf es ankommen wird: dass man fähig ist oder wird zum echten Dia-log.

Die Rolle des „habitare secum“ für die Gottsuche von Menschen heute

Emmanuel Jungclaussen

Wie Gott suchen, wenn er nicht vermisst wird? Diese Frage stellt sich nicht nur Menschen aus den neuen Bundesländern, sondern ebenso aus den alten. Vielleicht aber müssen wir diese Frage zunächst neu formulieren: „Vermissen wir nicht in zunehmendem Maße uns selbst?“ Wie aber uns selbst suchen und finden? Wir stehen damit – im Kloster wie draußen in der Welt! – vor dem Grundproblem nicht nur unseres geistlichen Lebens, sondern auch unseres geistigen Lebens oder, besser noch, unseres menschlichen Lebens, nämlich vor der Frage, wie wir aus der Mitte unseres Menschseins unser Leben gestalten können. Wird es uns gelingen, immer wieder zu einer ganzheitlichen, bleibenden inneren Sammlung zurückzufinden, um von da her zu leben? Diese Sammlung ist etwas anderes als Konzentration. Konzentration geschieht punktuell, auf eine bestimmte Aufgabe. Sammlung sollte etwas Bleibendes, Fortdauerndes sein, aus dem ich natürlich immer wieder herausfallen kann.

Schon Romano Guardini (1885-1968) schreibt dazu: „Immerzu will der Mensch – der heutige ganz besonders – zu Anderen gehen, reden, hören, mitmachen. Immerzu will er etwas sehen, soll etwas geschehen. Bis zur Sucht will er das, und wenn er es nicht hat, wird er unruhig und es treibt ihn hinaus. Wer erkannt hat, welch kostbares Gut es ist, gesammelt zu sein, muss das überwinden – sagen wir bescheidener: immer mehr zu überwinden suchen. Es ist wirklich eine Sucht; und Süchte zu überwinden, ist schwer, weil da der Drang in die Nerven gegangen ist. Es dauert lange, bis er nachlässt, aber er kann ins Maß gebracht werden.

Zugleich muss aber auch das Positive geschehen: das Standfassen in der inneren Welt, das Zu-sich-Kommen, die Unabhängigkeit von innen her ... Der Leser darf das Gesagte nicht als Moralpredigt auffassen, sondern realistisch, als aus Erfahrung gesagt; als Hinweis auf den Weg zu einem Leben, das lohnt. Denn die Zerstreuung, das beständige Draußen-Sein macht ja doch leer. Wenn man sich vorzustellen versucht, wohin diese zerfahrene Lebensweise treiben werde, dann kommt man auf den Gedanken, das Ende werde eine rettungslose Langeweile sein, unterbrochen durch Ausbrüche verzweifelter Ungeduld ... Also muss man sich dem entgegenstellen, um des Lebens willen, damit es Sinn behalte.“[1]

Und von daher stammt das tiefe Bedürfnis bei zahlreichen Menschen heute, diesen Weg zur Sammlung gleichsam zur Sicherung und Entfaltung ihres Menschseins gehen zu können angesichts der wachsenden Selbstentfremdung! Nicht selten wird die Frage gestellt: Ja, gibt es denn in der benediktinischen Tradition nicht ähnliche Wege, wie etwa im Zazen (in der Zen-Meditation, wie man gemeinhin sagt) oder auch im Raja-Yoga? Die Antwort lautet – was die benediktinische Tradition anbetrifft – ganz schlicht: ja! Wenn auch unter anderen Vorzeichen, so ist doch, was die Übung der Sammlung und die Intensität dieser Übung anbetrifft, in der Lebensbeschreibung des heiligen Benedikt durchaus eine klare Anweisung zu finden.

Der Text, den wir jetzt gleich kennenlernen werden, ist deshalb so wertvoll, weil sein Verfasser, als Biograph des heiligen Benedikt, selbst ein Heiliger und ein Mystiker war: der heilige Papst Gregor der Große. Soviel ich weiß, ist er der einzige unter den Päpsten, der Schriften zur Mystik hinterlassen hat. Diesen mystischen Einschlag entdecken wir auch in der Lebensbeschreibung des heiligen Benedikt. In dieser Lebensbeschreibung findet sich nämlich u.a. die berühmte Stelle über das „Wohnen in sich selbst“ (habitare secum). Doch lassen Sie mich zunächst die Stellung dieses Textes innerhalb der ganzen Vita aufzeigen.

Das Leben des heiligen Benedikt, wie Gregor es beschreibt, ist nicht eine Biographie im heutigen Sinne. Gregor verfolgt eine Idee: Er will

---

[1] Aus: „Tugenden. Meditationen über Gestalten sittlichen Lebens“; in: Romano Guardini, Werke, hrsg. v. Franz Henrich, M. Grünewald / Schönigh, Mainz / Paderborn [5]1999, S. 157f.

in Benedikt den darstellen, der er selbst gern geworden wäre, und, wie er meint, nicht geworden ist: nämlich den Kontemplativen, der seelsorglich tätig ist, den Seelsorger, der voll und ganz aus der Kontemplation lebt und wirkt.

So zeigt er den Weg Benedikts: den Abschied von Rom als Stätte der Wissenschaft, die aufbläht, die stolz macht, die zur Macht verführt, aber kein Weg zu tiefer, letztlich mystischer Erfahrung ist; ferner den Weg in die Einsamkeit, den Weg in die Höhle. Dieser Weg aber wird begleitet von drei fundamentalen Versuchungen.

Es ist wichtig zu sehen, dass innere Sammlung immer in Verbindung steht mit der Läuterung, mit der Arbeit an sich selbst. Die erste Versuchung ist die zur eitlen Ruhmsucht, wo er als Jüngling schon ein Wunder wirkt, daraufhin aber ganz in die Einsamkeit geht. Die zweite Versuchung ist die der Begierde, verbunden mit dem Plan, aus Sehnsucht nach einer Frau die Einsamkeit der Höhle aufzugeben. Sowie drittens die Versuchung zur Aggression: als er nämlich – als Eremit wohl gemerkt – von einer Mönchsgemeinde zum Abt gewählt wird. Diese muss merken, dass er ganz andere Vorstellungen vom Mönchsleben hat, als sie selbst, und die Mönche versuchen, ihn zu vergiften.

Und genau an dieser Stelle setzt unser Text vom „habitare secum“ ein: Benedikt erkennt beim Segnen des Kelches, dass er vergiftet werden sollte. „Er aber stand sogleich auf und sagte mit freundlichem Gesicht und in aller Gelassenheit zu den versammelten Brüdern: „Der Allmächtige Gott erbarme sich eurer, Brüder. Warum habt ihr mir das antun wollen? Habe ich euch nicht schon vorher gesagt, dass eure Lebensweise mit der meinen nicht zusammenstimmen würde? Geht und sucht euch einen Abt, der zu euren Sitten passt, denn mich könnt ihr nach dem, was geschehen ist, auf keinen Fall mehr haben.“ Und dann kommt der berühmte Satz: „Er kehrte in seine geliebte Einsamkeit zurück und wohnte ganz in sich selbst allein im Angesicht Gottes.“[2]

[2] Übersetzung aller Texte aus den Dialogen nach E. Jungclaussen (Hg.), Benedikt von Nursia, Das Zweite Buch der Dialoge Gregors des Großen, Püttlingen 1998. Auslieferung: Klosterbuchhandlung D-94557 Niederaltaich.

Danach beginnt ein Gespräch, eine Erläuterung, die Gregor der Große seinem Diakon Petrus gibt. Das Leben des heiligen Benedikt ist das zweite der „Vier Bücher der Dialoge“. Sie bestehen insgesamt aus Gesprächen zwischen Papst Gregor und seinem Diakon Petrus und zwar über das Leben der Heiligen in Italien. Das zweite Buch der Dialoge ist ganz dem heiligen Benedikt gewidmet, der damals als der größte Heilige in Italien galt. In dem nun folgenden Gespräch versucht Gregor dem Petrus zwei Dinge klarzumachen, nämlich erstens, was es bedeutet, „er wohnte in sich selbst“ und zweitens als Antwort auf die Frage des Petrus: „Ja, durfte Benedikt denn weggehen? Hätte er denn nicht bei den Brüdern bleiben müssen und alles aufwenden müssen, damit er sie wieder zu Zucht und Ordnung bringt?“, dass, wenn man augenscheinlich überhaupt nichts mehr ausrichten kann, es besser ist, sich an einen Platz zu begeben, wo die Arbeit – für das Reich Gottes wohlgemerkt – vielleicht doch erfolgreicher ist. Das ist eine längere Erörterung, die wir hier beiseite lassen.

Was uns jetzt beschäftigt ist das „Wohnen in sich selbst“, habitavit secum: er wohnte mit sich, bei sich – aber das gibt im Deutschen keinen rechten Sinn, darum muss man es besser übersetzen: er wohnte in sich selbst. Und wir werden gleich sehen, wie das gemeint ist. Ich lege hier zunächst den Text vor; dann entfalte ich ihn kurz.

Hätte der heilige Mann die Brüder, die sich einhellig gegen ihn verschworen, und eine so ganz andere Lebensart hatten, als er, mit Zwang länger unter seiner Leitung halten wollen, so hätte er vielleicht die eigenen Kräfte überfordert, hätte die gewohnte Gelassenheit verloren, und sein inneres Auge vom Licht der Kontemplation abgewandt.

Also: Klarer Primat der Kontemplation und wiederum auch die benediktinische Maßhaltung: wenn mich das überfordert, muss ich wirklich in meinem Gewissen entscheiden, ob ich so weitermachen kann.

Wenn er täglich von ihrer Unverbesserlichkeit ermüdet, sich zu wenig dem hätte zuwenden können, was für ihn wichtig war, so hätte er vielleicht einerseits sich selbst verloren, andererseits doch jene nicht gefunden. Denn jedes Mal, wenn wir durch gedankliche Beanspru-

chung zu sehr außer uns geraten, bleiben wir zwar noch wir selbst, aber wir sind nicht mehr bei uns selbst – oder sagen wir: in uns selbst, weil unsere Aufmerksamkeit abgelenkt ist, und wir uns selbst aus dem Auge verloren haben: die Stresssituation, die wir wohl alle kennen ...

Jetzt bringt er ein Bild für das, was in der Zerstreuung geschieht, und zwar nimmt er das Bild vom Verlorenen Sohn, der von zu Hause weggeht, alles vergeudet, verschwendet, und dann plötzlich: „Er kehrte in sich selbst zurück" (Luk 15,17). Wenn er also bei sich selbst gewesen wäre, von woher hätte er zu sich selbst zurück gefunden? Das Bild des verlorenen Sohnes wird zum Bild des Menschen, der sich verloren hat, zerstreut hat, nicht mehr er selbst ist: als Sohn, als Kind Gottes. Es ist ein Bild des Menschen, der sein Paradies verloren hat, in dem er wohnte und nun zurück findet, indem er zu sich selbst, in sich selbst einkehrt. Später heißt es noch bei Gregor, er kehrt zurück zu seinem Herzen.

Und jetzt kommt im Text noch einmal die ganz klare Bestimmung: *Unser heiliger Mann wohnte ganz in sich selbst, weil er allezeit wachsam auf sich achtete, sich selbst allezeit unter den Augen des Schöpfers sah, sich allezeit prüfte und sein inneres Auge nicht außerhalb seiner selbst umherschweifen ließ.* Benedikt kehrt in sich selbst ein, achtet darauf, was in ihm geschieht, weiß sich unter den Augen Gottes und wendet sich in voller Sammlung diesem Gott zu. Und dann bringt Gregor dazu noch ein zweites Bild, nämlich von Petrus, den der Engel aus dem Kerker herausholt (Apg 12,11), und dieses Bild ist für Gregor ein Bild der Entrückung. Der Mensch kehrt zunächst zurück zu sich selber, sammelt sich in sich selbst und steigt dann auf zu Gott, so dass er gleichsam sein Ich-Bewußtsein unter sich zurückläßt und sich in seiner Kontemplation zu Gott erhebt. Diese Kontemplation erscheint am Ende der Lebensbeschreibung in der sogenannten „Kosmischen Vision" noch einmal als das letzte und endgültige Ziel dieses „Wohnens in sich selbst", nämlich als Benedikt die ganze Welt in Gott schaut: Weil der Blickwinkel seines Herzens sich so geweitet hat, kann er in einem geheimnisvollen Licht, das in der Nacht aufstrahlt, die ganze Schöpfung in eins versammelt, in Gott schauen. Das mystische Einheitserlebnis wird hier als Lichtschau dargestellt.

Wenn wir die ganze Bedeutung dieser Stelle – zumal für eine meditative Praxis – erfassen wollen, dann müssen wir noch eine andere Schrift Gregors heranziehen, nämlich die Ezechiel-Homilien. Dies sind Fastenpredigten, die Papst Gregor für das römische Volk (wohlgemerkt!) gehalten hat, also nicht nur etwas für Mönche, wie die Moralia in Job etwa, sondern Predigten für das Volk. In ihnen kommt Gregor ausführlich auf den Aufstieg zu Gott zu sprechen, den er bei Benedikt relativ kurz behandelt hat. Gregor der Große sagt: es handelt sich um eine dreifache Stufung: Zuerst muss der Mensch lernen, sich zu sammeln. Dann muss er zweitens versuchen, sich im Zustand der Sammlung wahrzunehmen (die Ruhe, die Vereinheitlichung des Inneren, das ganz mit sich selbst Einssein) und dann drittens der Aufstieg zu Gott. Wie dieser Aufstieg zu Gott geschieht, das führt Gregor nicht näher aus. Ob mit Hilfe einer kurzen Gebetsformel oder einfach nur durch das Bewusstsein, dass Gott mich anschaut, und dass ich versuchen muss, mich ihm ganz zuzuwenden und seinem Blick zu antworten, bleibt offen. Nach Gregor ist dieser Aufstieg zu Gott zunächst einmal etwas sehr Schwieriges und Anstrengendes; er gibt auch eine Zeitspanne an für diese Kontemplation, indem er eine Zeitangabe aus der Offenbarung nimmt: „Und es ward Schweigen im Himmel etwa eine halbe Stunde lang.“ (Offb 8,1) Eine halbe Stunde. Das war früher einmal die normale Zeitdauer für die tägliche Betrachtung. Wer andere Formen der Meditation übt – täglich übt – weiß, dass diese halbe Stunde eben eine gute Zeitspanne ist. Und danach, sagt Gregor der Große, lässt die Fähigkeit zur Sammlung, zur Konzentration, nach.

Auf der anderen Seite ist aber für Gregor dieser Aufstieg zu Gott auch etwas Leichtes, wenn es einem wirklich gelingt, die geistige Energie ganz auf Gott zu lenken. Und er hat dafür zwei Bilder, nämlich einmal das Bild einer Quelle: wenn diese nicht abfließen kann, weil man sie staut, steigt sie nach oben; und wenn man die Zweige eines Baumes zusammenbindet, wachsen sie nach oben. Diese Bilder einer – ich will es einmal so formulieren – „gläubigen Energielenkung auf Gott hin“ kommt in der christlichen Antike immer wieder vor, auch bei Vorläufern, etwa beim heiligen Basilius dem Großen (330-379), einem griechischen Kirchenvater, der sagt, „wenn der Geist sich nicht über die Welt zerstreut, sich nicht durch die Sinnesorgane in die Welt ergießt, kehrt er in sich selbst zurück und erhebt sich von selbst zum Gedanken an Gott. Im Licht dieser Schönheit (nämlich der Schönheit Gottes) kommt er (der Geist) zum Vergessen seiner Natur." (2. Brief an Gregor von Nazianz)

Damit haben wir jetzt schon Benedikt und damit Gregor verlassen und finden etwa zur gleichen Zeit, aber etwas früher, eine ganze Reihe von östlichen Kirchenvätern, die genau das gleiche Prinzip haben: sich in sich selbst sammeln und den Geist auf Gott lenken. Ein früher Wüstenvater, Evagrius Ponticus (†399), sagt: „Der Geist des Menschen wohnt in sich, bei sich und hat genug an der Schönheit des eigenen Antlitzes." Des eigenen Antlitzes, das Bild Gottes ist, und die Schönheit Gottes wiederspiegelt. Ein anderer Kirchenvater greift jetzt noch einmal das Bild der Energie auf, Diadochus von Photike, zwischen 400 und 460, also vor Benedikt: *„Wenn wir alle Ausgänge unseres Geistes mittels der Erinnerung an Gott verschlossen haben, dann verlangt er von uns um jeden Preis eine Aufgabe, die seinen Drang nach Tätigkeit befriedigt."* Der Geist will nicht einfach ruhen, sondern er will etwas tun. Die Energie will sich auf Gott hinbewegen. *„Geben wir ihm dann als seine einzige Tätigkeit die Anrufung: Herr Jesus."*[3] Hier sehen wir etwas, was wir bei Gregor nicht finden, wie diese Energielenkung des Geistes in der Meditation im Sich-Versenken mit Hilfe des Namens Jesu nämlich mit Hilfe des Jesusgebetes geschieht.

Das wird dann noch einmal ganz ausführlich behandelt bei dem großen Meister des Jesusgebetes, dem heiligen Gregor Palamas (1296-1359), erst Mönch auf dem Berg Athos, dann Erzbischof von Thessaloniki, der Benedikts Lebensbeschreibung sicher kannte, weil er (ohne Benedikt selbst zu nennen) sie einmal zitiert, und der nun einen Schritt weiter geht, indem er nämlich sagt, wir müssen für die innere Sammlung unseren Leib mitbenutzen. Diese Sammlung und Konzentration, diese Energielenkung, wenn ich bei diesem Begriff bleiben darf, soll sich mit Hilfe des ganzen Menschen, also auch seines Leibes vollziehen. „Du siehst also," sagt er zu einem Novizen, „dass es vernünftige Überlegungen sind, die uns davon überzeugen, dass wir wirklich innere Menschen und echte Mönche werden, wenn wir unseren Geist im Inneren unseres Körpers gesammelt halten. Es ist darum keineswegs falsch, die Novizen dazu anzuhalten, auf sich selbst zu achten, ihren

[3] Übersetzung nach: K. Ware, E. Jungclaussen, Hinführung zum Herzensgebet, Freiburg, Basel, Wien, [7]1997, S. 43f.

Geist zugleich mit dem Atem auf sich selbst zu richten. Welcher vernünftige Mensch wird den, der noch nicht zur Kunst der Versenkung gelangt ist, abhalten, bestimmte Übungen anzuwenden, um zur Geistessammlung zu kommen."[4] Hier also wird das habitare secum mit einer leibhaften Übung verbunden, was bei Benedikt so in dieser Form nicht ausgesprochen ist. Und Gregor Palamas wird auch sehr energisch: Er wendet sich ganz entschieden gegen den heidnischen Irrtum, den Geist aus dem Leib austreiben zu wollen, wie etwa bei Plato, sondern der Leib ist gut. Er wird nur schlecht durch den, der in ihm wohnt und mißbraucht, der Leib kann ein Instrument der Sammlung und somit eine außerordentliche Hilfe sein.

Ich hoffe, es ist deutlich geworden, dass wir im „habitare secum" des heiligen Benedikt eine kostbare Anregung haben für die Übung des Sich-sammelns, des Sich-versenkens, vor allem, wenn wir die Texte Gregors des Großen anreichern aus der übrigen spirituellen Überlieferung, auch des christlichen Ostens. Wir dürfen erkennen, dass, wenn wir das Herzensgebet hinzunehmen, wir auch für unsere Zeit und damit für unsere heutige Praxis einen gangbaren Weg angeboten bekommen. Freilich wird dieser Weg nur gangbar, wenn wir einmal die Übung der Sammlung – mit Hilfe des Jesusgebetes im Still-Sitzen –, das uns in uns ruhen lässt und die Sammlung ermöglicht, um uns dann – und jetzt kommt noch ein ganz entscheidendes Moment – ohne Bild und Vorstellung im reinen Glauben zu Gott zu erheben. Das ist ein starkes Motiv bei Gregor dem Großen, gerade in seinen Ezechiel-Homilien: Keine Vorstellung, kein Bild, nur auf den unsichtbaren Herrn ausgerichtet, um sich zu ihm zu erheben. Bildloses Meditieren will auch die byzantinische Ostkirche, sosehr sie die Kirche der Ikonen ist, im Jesusgebet aber soll es kein Bild und keine Vorstellung geben! Ähnlich wie im späten Mittelalter in der „Wolke des Nichtwissens"[5], weil Bilder immer „Grenze" bedeuten, und wir wollen ja zu dem unendlich grenzenlosen, unbeschreibbaren Gott aufsteigen, auch – so nach ostkirchlicher Überlieferung – wenn es sich um Jesus Christus handelt. So etwa in Anspielung auf das Pauluswort: „Wir kennen jetzt Christus nicht mehr dem Fleische nach" (2 Kor 5,16), sondern

---

4 M. Baumotte (Hg.), Kleine Philokalie, Zürich – Düsseldorf, 1997, S. 204ff.

5 Vgl. E. Jungclaussen, Lieben heißt sich kein Bild machen, in: UNA SANCTA, Zeitschrift für ökumenische Begegnung, 55. Jg., 2000/4, S. 324-332.

den erhöhten Herrn, dem ich mich in der Hingabe des Glaubens zuwende.

Freilich wird diese „Übung der Sammlung“ nur dann auf Dauer nutzbringend sein, wenn ich versuche, meinem ganzen Leben, soweit möglich, den Charakter der Sammlung zu geben, indem ich unnötige Zerstreuung – in welcher Form auch immer – meide, um immer wieder, auch wenn's nur Momente der Stille sind, bei mir selbst einzukehren, wobei dann der Atem eine wichtige Rolle spielt. Vom Atem her wird die Sammlung erleichtert und der Mensch erfährt sich in seiner Ganzheit, zumal ja der Atem biblisch gesehen der göttliche Anteil in uns ist, von Gott eingehaucht (Gen 2,7).

Wenn ich das auch einmal – möglichst unter Anleitung – in einer längeren Übungszeit erprobt habe (einen Tag lang oder über mehrere Tage), werde ich umso leichter immer wieder – auch am Arbeitsplatz – für einige Minuten die Gelegenheit finden, ganz bei mir zu sein, um das, was ich gerade tue, entweder kurz ruhen zu lassen oder einige Augenblicke ganz langsam, behutsam und bewusst liebevoll zu tun.

Ganz gleich, was ich auch in solchen Momenten tue, es wird von dieser inneren Kraft, die mir in der Übung des „Wohnens in mir selbst“ erwächst, mein Leben langsam umgestaltet in ein sehr viel reicheres und vertieftes Leben, weil ich mein Leben mit liebender Aufmerksamkeit lebe. Und aus diesen Zeiten der Stille und des Sich-Zurücknehmens werden meine Augen neu geöffnet, um manchmal sogar im größten Trubel plötzlich die Einheit und Ganzheit dieser Welt als Schöpfung Gottes zu erahnen, so wie Benedikt am Ende seines Lebens die Einheit der Schöpfung in Gott schaut. Solches kann – wenn auch als bruchstückhafte Erfahrung – uns schon zuweilen sehr bald zuteil werden, wenn wir mit einiger Ausdauer auf diesem Weg der Übung bleiben. Dieser Weg ist nicht nur das benediktinische „habitare secum“, sondern letztlich der Weg einer alten Menschheitstradition, in dessen Zusammenhang auch die folgenden Worte von Dietrich von Hildebrand (1889-1977) zu verstehen sind: „Unser Leben ist meist ein ständiges Herausfallen aus dem „habitare secum“, ein Sich-Verlieren an die jeweilige Situation und ihre Eigengesetzlichkeit, ein Vergessen des eigentlichen und letzten Sinnes unserer Existenz. In dieser ungesammelten Haltung leben wir nicht wirklich, wir aktualisieren entweder nur die Peripherie oder bloß einen Teil unseres tieferen Wesens: trotz der intensiven Konzentration auf irgend etwas, trotz der wachsten Aufmerksamkeit, schlafen wir doch in unserem tieferen Sein, sind nicht ganz vorhanden. Nur der Gesammelte ist wirklich wach, und nur der Wache lebt im eigentlichen und vollen Sinn des Wortes.

Es liegt daher auf der Hand, welche Bedeutung der Sammlung in dem Prozess des Umgestaltetwerdens in Christus zukommt. Ohne Sammlung keine Tiefe, kein volles gültiges Leben, also auch keine tiefgreifende gültige Umwandlung."[6]

Mag auch die „Umgestaltung in Christus" bei so manchem Sinn-Suchenden unserer Zeit nicht von Anfang an direkt im Blickfeld stehen, so eröffnet doch die Sammlung die Möglichkeit zu eigentlichem religiösen Erfahren. Vielleicht im Sinne des großen Mystikers der Ostkirche, Gregor von Nyssa (334-394): „Und so sollst du werden, was Du von Anbeginn an warst."[7]

---

[6] Dietrich von Hildebrand, Die Umgestaltung in Christus, EOS Verlag, St. Ottilien 1988, S. 83ff.

[7] Hinführung zum Herzensgebet, a.a.O., S. 105f.

Beiträge zu den Diskussionsrunden

Theodor Lutz

Teil I

Im Anschluß an die Formulierung des Themas von P. Gabriel Heuser „Gott suchen, wenn er nicht vermißt wird“, drehte sich die Diskussion im wesentlichen um die Fragen:
Gibt es einen existentiellen Durst nach Gott?
Ist es grundsätzlich möglich, daß Gott nicht vermißt wird?

1. Es wurden zunächst Ansätze und Antworten gesucht für eine Gottsuche in einem a-religiösen Umfeld.
– Könnte Engagement für das Leben überhaupt zum lebendigen Gott führen?
- Könnte Einsatz für Arme und Notleidende auch ein Anknüpfungspunkt für die christliche Botschaft werden?
- Hingewiesen wurde auf die Gottsuche in der Literatur und auf die Gottsuche außerhalb der Kirche.
- Ferner wurde betont, daß es in den neuen Bundesländern eine Anerkennung von kulturellen und moralischen Werten gibt. „Religionslosigkeit ist nicht gleichbedeutend mit Werteverfall“.
- Schließlich wurde die grundsätzliche Überlegung angestellt: Wenn Welt nicht einfach sich selbst begründende Natur, sondern Schöpfung Gottes ist, dann gehört zum Menschen notwendig die Verwiesenheit auf Gott. Gott ruft bereits den sündigen Menschen im Paradies an: „Adam, wo bist du“ ?

2. Man kann diese Verwiesenheit auf Gott auch an negativen Folgen erkennen:
- Unzufriedenheit und nicht erfülltes Leben bringen Götzen hervor.
- Der Polytheismus hat heute Hochkonjunktur, z.B. Sport, Lebensstandard etc. Christlicher Glaube möchte aber der Einheit dienen. Die-

se aber ist letztlich nur befriedigend lösbar in dem einen Gott. In Ihm finden die Gegensätze ihre Einheit.

3. Neben dieser Suche nach Anknüpfungspunkten wurde noch auf Voraussetzungen für die Gotteserfahrung hingewiesen.
- Glaube verlangt vor allem Zeugnis. Dieses findet sich nicht in einem Programm, sondern als Be-zeugen des eigenen Glaubens.
- Schließlich wurde betont, daß Glaube einer Entwicklung unterliegt und als Weg verstanden werden muß.

Teil II

Bei der Diskussion am Nachmittag wurden im wesentlichen drei Themen umkreist: die Frage nach dem Bösen; die Klöster in ihrer Bedeutung für die Gottsuche und schließlich Irreführungen durch bestimmte Übersetzungen in der Bibel und in der Regel Benedikts.

1. Die Frage nach dem Bösen.
a) Man spricht heute oft vom Tod Gottes. Leider muß man aber feststellen, daß der Teufel und das Böse nicht tot sind. Es wurde hingewiesen auf die Faszination des Bösen, auf vielfältige Zerstörungen und auf den Satanskult.
Dies macht es einerseits notwendig, auch auf das Dämonische im alttestamentlichen Gottesbild aufmerksam zu machen, andererseits darf man das Böse nicht einfach in Gott hineinverlegen. Der Strich zwischen gut und böse geht durch das Herz des Menschen.
b) Um innerhalb der Welt und des Menschen das Böse vom Guten, die negative Zerstörung von der positiven (Glaubensaskese; Kreuzesaskese; eschatologische Askese) unterscheiden zu können, bedarf es der Pneumatologie, und hier insbesondere der Unterscheidung der Geister.

2. Den zweiten Schwerpunkt des Gesprächs bildete der Hinweis, daß die Klöster heute in der Frage der Gottsuche eine nicht zu unterschätzende Bedeutung haben. Dies führte dann zur Reflexion darüber, wie wir den zu uns kommenden Menschen zu begegnen haben.
- Grundvoraussetzung ist nicht ein „Evangelisieren-Wollen", sondern ein einladendes Dasein.

- Ferner ist notwendig, das eigene Leben überzeugt und überzeugend darzustellen. Echte Identifikation mit dem eigenen monastischen Leben muß gegeben sein.
- Wichtig ist auch die Sprache, mit der wir unseren Glauben und unsere Überzeugung zu vermitteln suchen.

3. Mehrfach wurde schließlich auf Übersetzungen im Alten und Neuen Testament und der Regel Benedikts hingewiesen, die einerseits die Offenheit der Sprache und die Mehrdeutigkeit der Worte nicht mehr durchscheinen lassen, andererseits durch Ungenauigkeiten ein besonderes Anliegen des Textes verwässern. Dies kann für die Gottsuche und für das Verständnis des Gottes der Offenbarung sehr entscheidend sein.

Chancen und Hindernisse für den Evangelisierungsauftrag der Kirchen, besonders ihrer Kommunitäten in einer nichtchristlichen Umwelt[1]

Dietrich Koller

Hinführung zum Thema: Blitzlichter aus dem Alltag in Erfurt

1. Eine Berliner buddhistische Nonne hielt einen Abend-Vortrag über Meditation. Der Schulraum einer Fachhochschule ist mit etwa 30 Frauen und Männern im Alter zwischen 30 und 40 gefüllt. Vor Erscheinen der Nonne werden wir aufgefordert, uns bei ihrem Eintritt zu verneigen. Die Nonne kommt, spricht in gleichmäßig leisem Ton und lächelnden Gesicht etwa 60 Minuten lang sich wiederholende Sätze über Entspannung, Frieden und Leidenschaftslosigkeit. Flache und kurze Diskussion. Eine angekündigte praktische Übung findet nicht statt. Beim Heimgehen muß ich an einer Fußgängerampel warten und treffe auf eine Studentin, die teilgenommen hatte. Ich frage, wie es ihr ergangen ist. Sie sagt: Ich habe eine normale DDR-Biographie, bin nichtreligiös geprägt, bin auf der Suche. Habe christliche Gottesdienste aufgesucht. Es war immer ähnlich wie auch dieser Abend heute: die Pfarrer da vorne machen alles alleine und reden über vieles und sagen einem nicht, was man tun kann, um mit Gott in Kontakt zu kommen.
2. In meiner Meditationsgruppe für Kunden einer Buchhandlung befinden sich Christinnen und Nichtchristinnen aller Art. Es ist die Zeit, wo der Kurdenführer Özalan verhaftet und zum Tode verurteilt wird. Ich schlage eine Segensübung vor: unsre guten Gedanken und Gefühle für diesen Häftling in der Stille zu bündeln und in

[1] Referat auf der Salzburger Äbtekonferenz (SÄK) in Erfurt am 18.4.01

seine Zelle zu schicken. Eine Elektro-Ingenieurin erzählt mir am nächsten Tag, daß sie sich mit kosmischen Schwingungstheorien beschäftigt habe und jetzt glaube, daß die Schwingungszahl durch Meditation einer Gruppe erhöht werden kann. Sie habe in der Frühstückspause im Betrieb die Kollegen gefragt, ob ihr jemand erklären könne, was „Segen“ ist. Niemand habe es gewußt. Ich soll es ihr erklären. Ich sage: Sicher wissen Sie, was ein Fluch ist! Sie, ein wenig ironisch: Nein, woher soll ich das wissen, in der DDR gab es doch nichts zu kritisieren, da war doch alles in Ordnung. Diese Frau ist inzwischen in einem ökumenischen Bibelkreis. Ohne zu wissen, daß es so etwas gibt, habe sie sich immer nach so etwas gesehnt (nach Gemeinschaft mit Tiefe), sie sei eigentlich immer gläubig gewesen, aber das erkenne sie erst jetzt. Vor allem die Natur habe sie oft religiös berührt.

3. Das seriös esoterische Frauenzentrum „Tiamat“ hat die bekannte kanadische Indianerin Frau Kayendere zu einem Wochenendseminar auf den Beginenhof Tännich eingeladen. Meine Frau erzählt, daß die Indianerin diese nichtkirchlichen ehem. DDR-Frauen jeden Abend mit einem Teelicht unter Schweigepflicht zum Abendgebet einzeln in den naheliegenden Wald geschickt habe mit dem Auftrag, sich einen Baum auszusuchen und mit Hilfe seiner Energie mit dem Geist Gottes in Kontakt zu kommen. Alle vermochten ohne weiteres zu beten.
4. Einige Berufsschüler hatten aus Neugier statt Ethik den evang. Religionsunterricht gewählt. Sie fragen die Lehrerin höchst erstaunt: Ja glauben Sie denn wirklich an Gott. Ganz echt? Sie glauben wirklich daß es Gott gibt? Haben Sie echt Erlebnisse mit Gott? Glauben Sie, daß er hier im Raum ist wie unsichtbare Radiowellen? Offenbar sind diese SchülerInnen von keiner antireligiösen „wissenschaftlichen“ Propaganda mehr geprägt. Sie sind einfach völlig „unbeleckt.“
5. Eine Teilnehmerin mit klassischer DDR-Biographie sagt in der Schlußrunde eines Enneagrammkurses in Sachsen: „Wenn mir das jemand vor Jahren gesagt hätte, daß ich religiös bin. . .“

Genug der zufälligen Beispiele. Sie zeigen: Die Situation für Religiosität ist weder verbaut noch ist sie reif. Und die offiziellen Kirchen spielen dabei keine entscheidende Rolle; denn ihr Image und ihre institutionelle Selbstpflege erscheint eher hinderlich als förderlich.

I. *Unter religionssoziologischem Aspekt stelle ich folgende Ambivalenz fest:*

a) ***Die Entwicklung der Religionslosigkeit hängt vom sozialistischen bzw. kapitalistischen Modernisierungsgrad der Gesellschaft ab.***

b) ***Und es gibt eine stille Abkehr vom staatlich verordneten Atheismus.***

Die weit verbreitete Religionslosigkeit bedeutet: „Gott" kommt in Kultur, Sprache, Kunst, Bewußtsein, Erziehung, Politik, Verfassung, Umgang mit Natur auf selbstverständliche Weise nicht vor. Man kann so leben, und zwar auch nicht schlechter und auch nicht unethischer als religiöse Menschen.
„Die Entwicklung der Religionslosigkeit hing ab vom Modernisierungsgrad unter kommunistischen Bedingungen."[2]
(Tschechien: 28,8 % religiös, DDR als Schlußlicht: 22,5 %. In Polen mit damals 80,4 % und in Rumänien mit damals 72,8 % sind die Zahlen inzwischen stark rückläufig.) „Es gibt im Osten Mitteleuropas seit Mitte der 80er Jahre einen zähen, mühsamen, doch kontinuierlichen Aufschwung, eine Abkehr junger und wacher Menschen vom staatlich verordneten Atheismus schon vor dem Zusammenbruch des Kommunismus, eine Hinwendung zu christlichen oder nichtchristlichen Formen der Religion, im krassen Gegensatz zur westlichen Entkirchlichung." Ich bezweifle, daß dieser Trend anhält. Nach 11 Jahren Modernisierung durch einen galoppierenden und globalisierenden Kapitalismus ist die Zerstörung von Familien und Seelen vielleicht sogar größer als unter dem staatlichen Atheismus. Mit dem Sieg des amerikanischen neoliberalen Kapitalismus geht aber hierzulande kein Import der amerikanischen Religiosität einher. Uns fehlt das freikirchliche System und uns fehlt der Erwählungsglaube der Pilgerväter („God's own country"). Die konservative Glücks- und Segensreligion

[2] Miklos Tomka, kath. Professor für Religionssoziologie in Ungaren, s. Publik Forum 23/2000

von „b.a." Geschäftsleuten (born again) entspricht offenbar nicht der europäischen Mentalität. Eher scheint uns die säkulare Entwicklung der Niederlande bevorzustehen. Die Entkirchlichung Amsterdams, anschaubar an der Profanisierung vieler überflüssig gewordener Kirchengebäude, setzt bei uns bereits ein.
Das bedeutet keineswegs, daß sich die postmoderne Beliebigkeit einer Spaß- und Konsumgesellschaft mit der absoluten Vorrangigkeit des Individuums weiter etabliert.
Die seriöse Shellstudie „Deutsche Jugend" stellt zwar fest, daß sich der junge Deutsche einen individuellen Wertecocktail mischt, aber auch feste Partnerschaft wünscht, neben Genußfreude auch Verantwortungslust und Kinderwunsch hegt. Was bei ihm keine Rolle spielt: Religion, die Institution Kirche, die große Politik („Bundestag"), wohl aber polisdemokratisches Engagement, z.B. für ein Jugendzentrum. Das Ego-Symbol „Boris Becker" hat in der Wirkung seinen Zenit überschritten.
Hat die „stille Abkehr vom Atheismus" wirklich sichtbar stattgefunden? Die Kirchenaustrittsbewegung gleich nach der Wende (wegen staatskirchlichen Angleichungen an die West-EKD) korrigiert sich zur Zeit. Die Aktion „Kircheneintritt" ist trotz guter Werbematerialien ohne größeres Echo. Der Autoritätsverlust der Kirche hält an infolge einer Entwicklung nach „rückwärts" (im Vergleich zur Kirche im Sozialismus) durch Übernahme von West-EKD-Strukturen wie: staatliche Garantien für Religionsunterricht (statt Christenlehre[3]), für Militärseelsorge, Kirchensteuereinzug und mehr Konfessionalisierung statt Oekumenisierung.) Aber Wiedereintritte oder Erwachsenentaufen gehören in kleiner Zahl zum Alltag der meisten Gemeinden.

Schließlich kann man noch nicht sagen, was passiert, wenn der Soli[4] wegfällt und so ein Drittel Ostdeutschlands zum Sozialfall wird (Biedenkopf[5]), weil weiterhin mehr Kapital von Ost nach West fließt als in

---

3 Die Christenlehre ist z.T. schon vor der Wende zum Erliegen gekommen. Es gabe Orte, wo kein Kind mehr kam, und Orte, wo fast alle kamen. Nach der Wende sind alle Gemeinde-Katecheten an die Schule gegangen.

4 den wir im Osten genau so leisten!

5 am 28.1.01 im mdr: „Niemand hat am Osten mehr verdient als der Westen, weil sich dem Westen neue Konsummärkte anboten und die Produktionsstätten des Ostens zusammenbrachen" - ich füge hinzu: – und durch die Treuhand verscherbelt wurden.

umgekehrter Richtung: die Not der Perspektivelosigkeit wird niemandem eo ipso das Beten lehren.
Hier könnten die Kommunitäten mit dem evangelischen Lebensstil einer solidarischen und fröhlichen Gütergemeinschaft ein kleines Hoffnungszeichen sein. Zulauf aber werden sie wegen der Bindungsängste und Freiheitsbedürfnisse sich ausgebeutet fühlender Menschen ebenso wenig haben wie die verschiedenen Sekten.
(Gerade vor den Sekten wurde 1990 gewarnt: Ihr werdet jetzt von westlichen Sekten überflutet werden. Aber was der Atheismus in drei Generationen gelehrt hat, sitzt fest: „Die Religionen haben die Welt falsch erklärt!")

Mit einer Rückkehr zu alten volkskirchlichen Zeiten rechnet niemand. Um 1900 hatte die Erfurter Augustinergemeinde (Luthers Klosterkirche) 40.000 Glieder, jetzt ist sie aufgelöst und der Predigergemeinde (Meister Eckarts Klosterkirche) zugeführt, die damals 60.000 Glieder hatte, jetzt 2.600. Der Milieu-Protestantismus unter dem preußischen Thron-und Altar-Bündnis gehört längst der Geschichte an. Jedoch besteht ein durchweg freundliches Verhältnis zwischen Kirchenleitung und Landesregierung. Besonders die anstehenden ethischen Fragestellungen machen die Kirchen neu wichtig (Gleichgeschlechtliche Partnerschaften, Genforschung, Rindertötung und artgerechte Tierhaltung in der BSE-Krise, Rechtsextremismus).
Für die Gesamtbeurteilung der Lage gibt es folgende Schlagworte:
„Minderheit mit Zukunft" (Titel eines Dokumentes der ostdeutschen Landeskirchen von 1994, von der Auftraggeberin EKD aber kühl angefaßt; sie entwarf dann ein neues Papier mit dem Titel: „Kirche mit Hoffnung". Die sächsische lutherische Landeskirche, die stabilste unter den ostdeutschen Landeskirchen, veröffentlichte einen Text „Kirche im Gegenwind" (2000).

II. ***Unter religionspsychologischem Aspekt stelle ich folgende Ambivalenz fest:***

a) ***Der postchristliche Mensch ist ohne Problem areligiös bzw. ohne Problem neureligiös.***

b) ***Und er verhält sich weitgehend reserviert bis resistent gegenüber der christlichen Botschaft.***

Der vorigen Generation mit ihrer Gottvergessenheit ist eine Generation gefolgt, die vergessen hat, daß sie Gott vergessen hat. Aber die Aufklärung und die Emanzipation der westeuropäische Zivilisation haben schon seit 250 Jahren einen Verlust an Transzendenz und einen Verlust an „Seele" bewirkt, wie er menscheitsgeschichtlicht singulär ist. Allen Kulturen und Religionen galt selbstverständlich, daß es ein Fortleben der Seele nach dem Tode gibt. Ein Inder verwundert zu einem Europäer: „Was, du hast keine Religion? Du hast nie Durst?" „Die Seele ist viele Millionen Jahre alt" (C.G. Jung), aber sie hat unter der Überfülle der künstlichen Technowelt, die alle religiösen Träume und Märchenbilder ersatzweise und scheinreal erfüllt, den Zugang zu ihrer Tiefe verschüttet. Der altdeutsche, mystische Begriff „Seele" (verwandt mit „See", dem heiligen wässrigen Element von Leben und Tod) besagt mehr als der wissenschaftliche Begriff „Psyche" (diesem bewußt-unbewußten Komplex aus Trieben, Gefühlen und Gedanken).

Eine neue deutsche thanatologische Untersuchung besagt, daß entgegen der amerikanischen Nahtodforschung sich die Berichte von Reanimierten in Ost- und Westdeutschland deutlich unterscheiden. Je nach der religiös-soziokulturellen Prägung haben ostdeutsche Herztote nicht dieselben Licht- und Liebeserlebnisse, die bisher als unabhängig von Kultur, Religion und Lebensalter galten. Im Osten gibt es z.B. einen ganz nüchternen Alltagsdialog mit einem Sensenmann, mit dem verhandelt wird, damit man nicht durch die große Tür durch muß.[6]
Es ist also zu bezweifeln, daß die Seele „unheilbar religiös" ist oder gar, nach Tertullian, daß sie eine anima naturaliter christiana darstellt. Es gibt jetzt durchaus den seelisch und sozial gesunden Heiden ohne Götter. S. Freuds These, daß Religion an sich neurotisch und neuroti-

[6] Bericht im Deutschlandfunk vom Februar 01: „Wie der Atheismus das Sterben verändert"

sierend ist, gilt zwar seit C.G. Jung als widerlegt. Richtig aber ist, daß es zumindest partiell oder auf Zeit ein humanistisches Menschentum mit ethischem Schwungrad ohne religiösen Motor gibt. Auf einen Anknüpfungspunkt sollte die christliche Verkündigung deswegen nicht spekulieren. Der jeder Kreatur zugrunde liegende göttliche logos (Joh 1) ist etwas anderes als ein bewußtes oder unbewußtes religiöses Bedürfnis. Das verbum externum der christlichen Botschaft korrespondiert nicht pastoral-methodisch mit diesem Bedürfnis, sondern vertraut auf die Alleinwirksamkeit des Logos, welcher das österliche Wunder einer Auferweckung des schlafenden inneren Logosmenschen bewirkt, quando visum est deo (wie und wann es Gott gefällt).
Bei Novalis[7] können wir lernen, daß auch nicht-religiöse Zeiten Gottes Zeit sind. Im Zusammenbruch des „goldenen Zeitalters" (Novalis meint: des mittelalterlich christlichen) bereitet Gott Neues[8] vor. Goldene, religiöse Zeiten bekommen der Kirche schlecht, sie wird hierarchisch statt prophetisch. Novalis weiß: Die fürchterlichen Erzeugnisse eines Religionsschlafes werden erst im Nachhinein (beim Erwachen) erkannt. „Wo keine Götter sind, walten Gespenster". Religion muß „als eine fremde unscheinbare Waise erst die Herzen wiedergewinnen und schon überall geliebt sein, ehe sie wieder öffentlich angebetet und in weltliche Dinge zur freundschaftlichen Beratung gemischt wird."

Missionstheologen sagen aber, daß die Reevangelisierung einer ehemals christlichen Kultur schier unmöglich ist. Der Immunisierungseffekt verhindert eine Neubegegnung mit dem Evangelium. Das läßt sich deutlich an der Erfolglosigkeit der christlichen Islammission aufzeigen. Der Islam als eine postchristliche Religion, der sich als Abschluß und Vollendung der monotheistischen Prophetie versteht, hat sich Judentum und Christentum einverleibt.[9] Dadurch ist er unansprechbar geworden.
Auch eine säkulare postchristliche Gesellschaft, die dem Christentum ihre Emanzipation aus den archaischen Gewalten religiöser Gesetze verdankt, erntet die Früchte, ohne die Wurzel zu sehen. Das Evangelium ist ja in gewisser Weise das Ende aller Religion, weil es die kosmischen Mächte und die „Vormünder" (Paulus in Gal 4) entmachtet

[7] im Fragment „Die Christenheit oder Europa" 1799
[8] Friedrich von Hardenberg nennt sich „Novalis": Neulandbesiedler.
[9] Fritjof Gräßmann

und die Urängste und Opferzwänge aufgehoben hat. Jedenfalls ist die säkularisiernde Wirkung des Christentums nicht verhinderbar und sogar legitim. Weltlichkeit (Säkularisierung) aber ist wohl zu unterscheiden von Verweltlichung (Säkularismus)[10].

Martin Luther, der mutmaßlich durch die Reformation das Ende des christlichen Mittelalters noch um zwei Jahrhunderte hinausgeschoben hat – sonst wäre schon mit der Renaissance die Aufklärung des 18. Jahrhunderts gekommen – war am Ende seines Lebens verzweifelt über das Mißverstehen der christlichen Freiheitsbotschaft. („Si ego haberem jam evangelium incipere, ich wollt mich anders drein schikken, Vulgus enim velim sub papam relinquere et tantum desparatis et anxiis conscientiis clam sucurrere") Das Evangelium erscheint hier nur noch als „heimliche" Seelsorge an „angefochtenen Gewissen". Eine zweite nationale Christianisierung hält Luther für utopisch. Er bezeichnet das Evangelium als einen „fahrenden Platzregen". „Lauft, solange ihr es habt!" Es kommt nicht wieder. Luther verweist auf das einst christliche Kleinasien: „Heute haben sie den Türken... " Dennoch sieht er vorher: „Das Evangelium wird bis an die äußersten Grenzen der Erde ausgebreitet, ob sich gleich alle Fürsten und Könige darwider setzen; allein die Ausbreitung desselben geschieht in Schwachheit."[11]

III. *Unter religionsphilosophischem Aspekt deute ich (mit Novalis) die Ambivalenz von Evangeliums-Hindernis und Evangeliums-Chance als Dialektik der Versöhnung von „Vernunft" und „heiligem Sinn".*

Am 200. Todestag von Novalis, am 25.3. dieses Jahres (ich schreibe gerade an diesem Referat) besuchte ich sein Geburtshaus Schloß Oberwiederstedt im Mansfelder Land in der Nähe von Halle. In der DDR-Zeit war der Abriß des verfallenden Komplexes geplant, durch eine Bürgerinitiative jedoch verhindert. Heute feiert dieser Ort und die verfallene Taufkirche eine unvorhersehbare Auferstehung. Galt Novalis der DDR als frühromantischer Spinner, so fängt sein Geist jetzt neu zu wirken an. Besonders die Schrift „Die Christenheit oder Europa"

[10] Gogarten
[11] Walchsche Ausgabe VI.504

wird neu aktuell, wenn man sie nicht als romantisierende Verklärung des Mittelalters mißversteht.
Novalis fordert „die Behandlung der Geschichte als Evangelium". Geschichte ist ihm ein Entwicklungsganzes, das er als Heilsgeschichte verstehen will. Das Heil wird erkannt und ergriffen vom „religiösen Organ", vom „heiligen Sinn", von den Kräften des Herzens – was niemals vernichtet werden, aber verdrängt und vergessen werden kann. Die Geschichte läuft als Vorgang der Oszillation in dynamischem Werden und Vergehen der zeitlichen Erscheinungsformen des überzeitlichen Sinnes und mündet in der Synthese der Versöhnung aus. Die Dialektik der Geschichte verläuft in drei Stadien:
Das Goldene Zeitalter der Religion und der Geisteseinheit (Bei N. das katholische Europa des Mittelalters) kommt so nicht wieder, es wird abgelöst von einer traumlosen Zeit von Widerstreit, Kampf, Entfremdung und der Herrschaft des Nutzens und des Verstandes, dem „Gegensinn" gegen den „heiligen Sinn", und bricht darunter zusammen. „Der anfängliche Personalhaß gegen den katholischen Glauben ging allmählich in Haß gegen die Bibel, gegen den christlichen Glauben und endlich gar gegen die Religion über. Noch mehr – der Religions-Haß. . . verketzerte Phantasie und Gefühl, Sittlichkeit und Kunstliebe, Zukunft und Vorzeit." Alles wurde „zum einförmigen Klappern einer ungeheuren Mühle, die vom Strom des Zufalls getrieben und auf ihm schwimmend, eine Mühle an sich, ohne Baumeister und Müller und eigentlich ein echtes Perpetuum mobile, eine sich selbst mahlende Mühle." (Eine treffende Beschreibung unsres heutigen postmodernen Zustandes?)
Aber gerade so bereitet Gott die dritte Phase der Versöhnung vor. Denn: „Wahrhafte Anarchie ist das Zeugungselement der Religion." Von der heutigen Chaostheorie her könnten wir sagen: das Chaotische ist das Fruchtbare, das Hierarchische ist das Starre, Todgeweihte. N. sieht, wie der „Geist Gottes" über den zurückströmenden Wassern der Sintflut schwebt. N. sieht gerade im Untergang des goldenen Zeitalters „die günstigsten Zeichen ihrer (der Auferstehung) Regeneration". „Dies kann einem historischen Gemüte gar nicht zweifelhaft bleiben." „Es wird so lange Blut über Europa strömen, bis die Nationen ihren fürchterlichen Wahnsinn gewahr werden." „Es sind die ersten Wehen, setze sich jeder in Bereitschaft zur Geburt!" „Aus dem Schoße eines ehrwürdigen europäischen Konsiliums wird die Christenheit aufstehen zum „Geschäft der Religionserweckung" nach „göttlichem Plane". N.

schließt seine „Rede" so. „Wann und wann eher? Darnach ist nicht zu fragen. Nur Geduld, sie wird, sie muß kommen, die heilige Zeit... wo das neue Jerusalem die Hauptstadt der Welt sein wird; und bis dahin seid heiter und mutig in den Gefahren der Zeit...!"

IV. *Unter ekklesiologischem Aspekt stelle ich folgende Ambivalenz fest:*

a) ***Eine herrschen wollende Kirche leidet unter dem Dilemma von Identität und Relevanz –***

b) ***Und eine sich selbst entäußernde Kirche findet ihre Identität und Relevanz in der ursprünglichen Einheit von Ethik und Mystik.***

Mich erinnert die prophetische Geschichtsdeutung Novalis' an Matth.9,35 ff. „Als Jesus das Volk sah, jammerte es ihn; denn sie waren verschmachtet und zerstreut wie die Schafe, die keinen Hirten haben. Da sprach er zu seinen Jüngern: Die Ernte ist groß, aber es gibt nur wenig Arbeiter!"
Für Jesus ist die Katastrophe nicht der verwahrloste Zustand des Volkes. Dieses gleicht ihm positiv einem reifen Ährenfeld. Die Katastrophe ist für ihn, daß es nur so wenig Arbeiter für Gottes Ernte gibt! Wir können uns nur so um die Evangelisierung und Heilung unsres Volkes kümmern, indem wir uns zuvor und zugleich um die Arbeitergewinnung, und das heißt praktisch um die Selbstevangelisierung und Selbstheilung unsrer Kirche für ihre Sendefähigkeit kümmern. Deswegen muß jetzt einiges über den auf sich selbst fixierten Zustand der Kirchen gesagt werden.

Jürgen Moltmann spricht vom identity-involvement-dilemma der Kirche.[12] Damit meint er: je identischer und reiner sich die Kirche in ihren traditionellen Dogmen, Riten und Moralvorstellungen darstellt, desto irrelevanter, hinderlicher und unglaubwürdiger wird sie für die neuen Bedürfnisse der Ethik, der Spiritualität, der demokratischen Gemeinschaftsformen, der offenen Kommunikation und der Autonomie. Je relevanter sie sich aber in diese modernen Felder involviert,

[12] Der Gekreuzigte Gott, S. 12

desto mehr verschwimmt ihr heilsgeschichtlicher Kern, ihr messianisches Geheimnis.

Ich glaube nicht an dieses Dilemma. Je „urchristlicher" die Kirche wird, desto weniger besteht das geschilderte Dilemma; es tritt ja nur dann zutage, wenn sich die Kirche als hierarischen Selbstzweck, als Reich Gottes versteht, dem sich der Mensch unterstellen muß. Jesus versteht unter Reich Gottes aber das Reich eines Menschensohnes, also ein menschliches, herrschaftsfreies (an-archisches) Reich (Daniel 7), das gekommen ist, den Menschen heilend und befreiend zu dienen, nicht die Menschen zu gängeln oder zu beherrschen.

Ich sehe die Identität der Kirche so[13]: Das Christentum ist religionsgeschichtlich gesehen eine synkretistische Vereinigung zweier Strömungen:

Da ist das jüdisch-prophetische Reich-Gottes-Verständnis, das auch iranisch-persisch-zoroasrische Elemente aufgenommen hat und das zur jesuanischen eschatologischen Reichsgottesbotschaft geworden ist. Nachösterlich und durch den Einfluß des Hellenismus verband sich damit ein anders akzentuiertes Reich-Gottes-Begriff: die griechische, hellenistische, orphische, platonische, paulinische, mystagogische, kurz „katholische" Tradition, die nicht mehr apokalyptisch denkt, sondern metaphysisch. Hier also eine Religion der **Einweihung** in das Paschamysterium von **Tod und Auferstehung**; dort eine Religion der **Entscheidung zwischen Gut und Böse**. Ethik und Mystik aber gehören im Reich-Gottes-Begriff zusammen. Darum sind die Befreiungstheologen zur Mystik gekommen (z.B. Leonardo Boff oder Dorothee Sölle), „Traditionalisten" aber politisch und Nachfolge-Christen geworden (Barthol. Las Casas, Oskar Romero, Dietrich Bonhoeffer, Ordensleute für den Frieden). Die Synthese der beiden christlichen Spiritualitäten liegt darin, daß es im genuinen Christentum wesentlich um Transformation des alten Ego-Menschen zum potentiell neuen Adam geht. Das messianisch österliche „Stirb und Werde" will ethisch und sakramental vollzogen werden.

Es gibt im NT über 40 verschiedene Verben für den ethisch-mystagogischen Prozeß der Wandlung von der vergehenden zur kommenden Welt: sterben und auferstehen; umkehren und nachfolgen; von neuem geboren werden; das Kreuz auf sich nehmen;

[13] Diese Schau verdanke ich dem 1946 verstorbenen kath. Religionswissenschaftler Ernesto Buonaiuti.

das Leben verlieren und finden; untertauchen, auftauchen; mit Christus begraben und auferweckt werden; aufstehen von den Toten, erleuchtet werden; vom Tod zum Leben hinüberschreiten; entkleidet, überkleidet werden; den alten Menschen aus,- den neuen an-ziehen; sich erneuern lassen; u.a.
Das ist die initiatorische Aufgabe der Kirche, die nicht mehr zum religiösen Dauerkonsum betreut, sondern Menschen zu ihrem „Selbstverwirklichungsprozeß“ anstiftet und begleitet und sie so zur Hingabe an die Welt ermächtigt und freisetzt.
Damit ist ein Richtmaß gegeben für eine sich selbst entäußernde, herrschaftsfreie, arme und unbürokratische, eine spirituelle Kirche. Das wird eine Kirche sein, die alle Gläubigen initiatorisch zu Priesterinnen, Prophetinnen und Königinnen weiht und in eine transformatorische Arbeit an sich selbst einführt. Von dieser Pastoral sind die beiden Konfessionskirchen noch weit entfernt, entweder weil sie dogmatisch eingestellt sind oder weil sie total entmythologisieren. Daher haben andere Religionen und therapeutische Ideologien dies unser ureigenstes Feld besetzt. Jedoch einige Orden und Kommunitäten gelten bei Kirchenchristen und Nichtchristen als respektierte „Inseln“ oder spirituelle „Kraftorte“.

Unter pastoraltheologischem Aspekt finde ich die Doppelgestalt der Kirche fruchtbar:

a) ***als (wahrscheinlich) schrumpfendes Netz von Kirchengemeinden (Normalfall, mit der Gefahr der pfarrerorientierten Sackgasse) –***

b) ***als (vielleicht) wachsendes Netz von Kommunitäten (Geheimtip, mit der Gefahr hoher spiritueller Schwellen).***

Für die pastorale Arbeit der Kirchen vor Ort scheint es mir wichtig zu sein, daß die Pfarrer unterscheiden können zwischen Dienen im „Arkanum“ und Dienen im „Vorhof“. Mit diesen Begriffen nehme ich das architektonische Urbild des Jerusalemer Tempels zu Hilfe. Genau genommen bestand er aus drei heiligen Bezirken: dem Vorhof der Heiden (I), dem Tempelhaus für das Gottesvolk (II) und dem fensterlosen, kubischen Sanctissimum der Gegenwart des Ewigen (III). In der allegorischen Tradition, der auch Luther folgte, entspricht dieser Bau der trichotomischen Struktur des Menschen: Sein leibliches, öffentliches Erscheinen als Körperwesen (Vorhof), sein psychisch-geistiges Vernunftwesen (Heiligtum), seine pneumatische „Seele" als „gottförmiges Vakuum", wie die Mystiker sagen.

Dementsprechend könnte man drei Ebenen für eine in der Sendung Gottes stehenden Kirche sehen:

I. Die Stimme der Kirche in ethischen, wirtschaftlichen, und wissenschaftlichen und künstlerischen Fragen; die öffentliche Arbeit in den sozialen diakonischen Diensten, in der Militärseelsorge, Mitarbeit in den Gruppen und Gremien der Zivilgesellschaft, in den Medien usw.

II. Die Pastoralarbeit im Religionsunterricht, in der kirchlichen Schwellenbegleitung (Geburt, Einschulung, Adoleszenz, Ehe, Beruf, Krankheit, Alter, Sterben, Tod) und der entsprechenden krisenbegleitenden Seelsorge und Beratungsarbeit. Und dies nicht nur mit den klassischen sakramentalen Riten für Getaufte, sondern auch mit neuen Ritualen für Ungetaufte (Kindersegnungen, Krankensegnungen, Feier der Lebenswende statt Jugendweihe und statt Konfirmation, Rituale für Abschiede, Segnungen für Paare (jeglicher Art!) oder an Jubiläen, am Valentinstag, Haus- und Wohnungs-Einweihungen usw. In dieses riesige, offene, diffuse Feld müßte die Kirche mit mehr Mut, Kreativität und der Gabe der Unterscheidung der Geister vordringen. Evangelische Pastoral mit einem Alles oder Nichts tut sich da offenbar schwerer als katholische Theologie mit einem Denken in Stufen des Heiligen.

III. Die zentrale transformatorische und initiatorische Arbeit, die hinter der Arbeit in den Feldern I und II verschwiegen durchschimmert: Eintritt in die Schule der Nachfolge, Einweihung in den Lebensstil der Bergpredigt, Übergabe des Credos und des Hl. Vaterunsers, Tauf-, Konfirmations- (Firm-), und Kommunionsvorbereitung, Lebensübergabe, weiterführende geistliche Begleitung.

Es könnte sein, daß sich die Landeskirchen/Diözesen und Pfarrgemeinden mehr auf den Feldern I und II bewegen, die Klöster mehr auf den Feldern II und III. Wichtig ist nur, daß die jeweiligen Charismen erkannt und anerkannt werden und nicht jeder Dienende oder jede Dienstgruppe alles können muß.

Im Augenblick ist der pastorale Dienst weitgehend fremdbestimmt von Verwaltungs- und Bautätigkeit, von der Erfüllung übertriebener Ansprüche der Restgemeinde, von Management und Organisationsitzungen. Mancher Pfarrer sitzt vor dem PC (auch um ein Predigtpatchwork abzurufen), oder organisiert Dorffeste, Ortsjubiläen, Bazare mit Reinerlös für teure Orgeln... Die Ghettomentalität aus DDR-Zeiten hat sich gewiß den vielen neuen Möglichkeiten geöffnet. Aber dennoch ist die Kirche so wie früher noch „in der Betreuung" (eine Selbstbetreuungskirche) und noch nicht „in der Sendung" (wie Schafe mitten unter die Wölfe gesandt). Die Fähigkeit und Mündigkeit der Gemeindechristinnen, eine natürliche, glaubwürdige und substanzielle Sprache des Glaubens zu sprechen, ist noch nicht entwickelt. Die zahllosen noch zerfallenden oder schon renovierten Dorf- und Stadtkirchen haben für die Gesellschaft oft nur Ortsbild- und Prestige-funktion. Eine mit Eifer restaurierte Kirche erhöht nicht von selbst den Gottesdienstbesuch.[14]

Was ein beseeltes und immer offenes, vom Geheimnis geprägtes Gotteshaus ist - mit Türen zur diakonischen und geistlichen Seelsorge, zu Einkehr und Meditationszeiten , das kann man am besten an der Kirche einer Kommunität oder eines Klosters erleben (Jesusbruderschaft Volkenroda, St. Wigbertigemeinschaft Wernigshausen, Kommunität Casteller Ring im Augustinerkloster Erfurt, Christusbruderschaft auf dem Petersberg bei Halle u.a. Im Allgemeinen sammeln sich dort aber eher Christen, die von der Kirchgemeinde geistlich unterernährt bleiben; Eine evangelisierende Wirkung ins religionslose Umfeld glückt kaum.[15]

Für die **Kommunitäten** habe ich Hoffnung unter folgenden Voraussetzungen:

1. Sie sind Orte des gelebten alternativen Lebensstiles. Das Evangelium ist ja nicht nur eine Heilsbotschaft, sondern auch ein heilvoller Lebensstil, die Bergpredigt als Wurzel aller Ordensregeln: Orte in der Vernetzung der Nachfolgegruppen und konziliaren Bewegung für Gerechtigkeit, Friede und Bewahrung der Schöpfung.
2. Sie sind Orte zur Einübung in Kontemplation und Meditation, verbunden mit interreligiösem Dialog.

---

[14] Die KPS (Kirchenprovinz Sachsen) hat 540.000 Glieder in 1200 Gemeinden mit 2000 (oft romanischen!) Kirchen. Die rheinische Kirche hat demgegenüber 2,3 Mio Glieder in 600 Gemeinden und 900 Kirchen).

[15] Nur psychisch gesunde Ordensmenschen, weder ichschwache noch egozentrische, haben eine geistliche Ausstrahlung. Die Motivation einer Berufung muß kritisch (psychologisch und geistlich) hinterfragt werden, ohne jedoch perfekte Gläubigkeit zu verlangen.

3. Sie sind Orte für die Transformatorische Arbeit (Exerzitien, Enneagramm, geistliche Begleitung).
4. Sie sind Orte für einen herrschaftsfreien Raum (Geschwisterlichkeit als familia Dei mit dienender (therapeutischer) Autorität (Benedikt: der Abt als Arzt.).
Sie sind Orte, wo die drei Gewalten der Welt: Macht, Geld und Sex entmachtet und erlöst sind. Die asketisch moralistisch gesetzlich verstandenen Ideale des Mittelalters werden spirituell und befreiend gelebt: neue Art von Jungfräulichkeit, Gütergemeinschaft und „Gehörsamkeit"; neues Verständnis von Klausur, Gelübde, Eintrittsvoraussetzungen.

An dieser Stelle sei noch die m.E. stärkste missionarische Ausstrahlung der Kirche hierzulande genannt: **Die Kirchenmmusik!** Orgel- und Kirchenkonzerte, die Oratorien mit großen Zahlen von Laiensängern, die hervorragenden Kantorinnen mit geistlicher und menschlicher Ausstrahlung erreichen viele Nichtchristen und sind ein gesungenes Evangelium mitten in einer glaubenslosen Kultur. Hier finden sich unter Mitwirkenden und Zuhörern auch Teile der jungen Generation. Aber die eigentliche Jugendszene mit ihrer subkulturellen Vielfalt und häufig pathologischen Erscheinungsformen erreichen wir insgesamt nicht. Hier scheint unser Volk tödlich erkrankt zu sein. Nur wenn ein jesuanischer Geist die Kirche verändert, hätten wir eine Chance. Es geht nicht um die Erhaltung der Kirche. Es geht um die Selbstentäußerung der Kirche. Wir finden uns nur, wenn wir uns an die „Welt" verlieren. Verlieren, nicht anpassen! Hingeben, nicht modernisieren! Inkarnieren, nicht doketisieren!

Schlußfolgerungen:

1. **Die menschlichen Prognosen** ***für Chancen und Hindernisse einer Neuevangelisierung durch die Kirchen sind höchst widersprüchlich und machen uns bescheiden.***

2. **Die biblischen Verheißungen** ***der Treue Gottes sind eindeutig und berechtigen uns zu allergrößten Hoffnungen, verlangen aber zuerst eigene Umkehr zu unseren Quellen (Selbstevangelisierung der Kirchenstruktur).***

Zu 1:
Ich habe wenig Hoffnung für eine Re-Evangelisierung (Ost)Deutschlands (Europas).
Die Zeit ist nicht reif, jedenfalls nicht nach religionspsychologischer und religionssoziologischer Prognostik. Es gibt den definitiv a-religiösen Menschen und es gibt den definitiv unkirchlich-neu-religiösen Menschen.
Friedrich der Große soll gegen Ende seines Lebens gebetet haben: „Gott, wenn es dich gibt, rette meine Seele, wenn ich eine habe!" Und ein Jüdischer Aufgeklärter Philosoph der Haskala wurde noch betroffen vom Satz des Berditschewer Zaddik: „Vielleicht ist es wahr, vielleicht ist es wahr!" Aber beide Zweifler, der christlich und der jüdisch geprägte, hatten noch den „gelernten Glauben" in sich. Ihr Zweifel war zwar fundamental, aber der post-postchristliche Mensch kennt keine Zweifel, weil er den Glauben nicht kennt.

Sodann: Die institutionelle Kirche ist nicht bereit zu einer freiwilligen Selbstentäußerung (gemäß Phil. 2: Gesinnt sein wie Jesus Christus: die Privilegien nicht wie einen Raub festhalten, ganz menschlich und zwar a r m e r Mensch werden.) Die theologische Selbstglorifizierung einschließlich eines religiösen Absolutheitsanspruches[16] würde dann entfallen – das größte Hindernis für das Evangelium und die Zeitgenossen!
Eine zwangsweise Entäußerung durch die Umstände, also durch weitere Schrumpfung an Geld, Mitgliedern, Berufungen und Kompetenzen hätte nicht die Wirkung einer freiwilligen Entäußerung.

Zu 2.
Nicht an Prognosen, nicht an Erfahrungen, nicht an religionspsychologische Theorien glaube ich, sondern an göttliche Verheißungen. D.h.: Der Kairos, der günstige Augenblick, ist nicht von uns her gegeben, sondern vom Herrn der Geschichte her gegeben. Immer unverfügbar.
Es gibt zwar für Individuen wie für Kollektive das Problem der „zweiten Buße".

[16] Joh. 14,6 nicht exklusiv alles Außerchristliche ausschließend, sondern alles einschließend verstehen: „Wo ein Weg ist, wo eine Wahrheit ist, wo echtes Leben ist - da bin Ich, der universale Logoschristus".

Aber es gibt in der Heilsgeschichte das Phänomen der zweiten Runde (den zweiten Exodus, den zweiten Bund, den neuen David, das neue Israel). Dabei geht es nicht um eine Wiederherstellung des Alten, sondern um eine Spiritualisierung des Alten. Ich denke oft an den Wiederholungs-Auftrag Gottes in der Vision Ezechiels von dem Feld voller vermoderter Totengebeine. Der Zweischritt-Takt der Auferstehung des vermoderten Gottesvolkes ist für mich auch ein Pastoralmodell: Zuerst werden durch das weissagende Wort neue Strukturen geschaffen (schöne Leichname), dann neue Menschen (ein aufstehendes lebendiges Gottesvolk).[17]
Es gibt den Auftrag Christi an Petrus, die Netze „noch einmal" auszuwerfen gegen alle Regeln der menschlichen Handwerkserfahrung: nicht in der Nacht, sondern am Tag, nicht in Ufernähe, sondern auf hoher See.[18]
Beide Texte enden mit einem Staunen über eine große Fülle.[19] Sollten wir uns also einigermaßen klein-glaubend auf die „kleine Herde" (nach Ratzinger: die kleine, aber identische Elitekirche) einstellen, oder groß-glaubend eine Volkserweckung erbeten und erwarten?

[17] Ez. 37,1-14
[18] Luk. 5 und Joh. 21
[19] Ez.: „Ein überaus großes Heer"! Lk./Joh.: die Fangnetze drohen zu reißen.

Verzeichnis der Mitarbeiter

Herausgeber

Anselm Bilgri, OSB, Klaustralprior und Cellerar der Abtei St. Bonifaz, München mit dem Priorat Andechs

Willibrord Godel, OSB, Dr. theol., p.t. Dekan der Theologischen Sektion der BBA, Abtei Niederaltaich

Autoren

Joachim Wanke, Dr. theol., Bischof von Erfurt

M. Hedwig (Silja) Walter, OSB, Schriftstellerin, Kloster Fahr bei Zürich

Dr. Paul Konrad Kurz, Schriftsteller, Gauting

Gabriel Heuser, OSB, Dr. theol., Priorat Wechselburg

Karl Schlemmer, Dr. theol., Professor für Liturgiewissenschaft und Pastoraltheologie an der Universität Passau

Corona Bamberg, OSB, Dr. theol., Abtei Herstelle

Emmanuel Jungclaussen, OSB, Abt von Niederaltaich

Theodor Lutz, OSB, Dr. theol., Klaustralprior, Abtei Ottobeuren

Dietrich Koller, Spiritual der Communität Casteller Ring von 1992 bis 1996, Erfurt